NUEVO COMPAÑEROS 2

NUEVO COMPAÑEROS

Francisca Castro • Ignacio Rodero • Carmen Sardinero • Begoña Rebollo

Cuaderno de ejercicios

Primera edición, 2021
Reimpresión, 2025

Produce: SGEL Libros
Avda. Castilla La Mancha, 2
19171 Cabanillas del Campo (Guadalajara)

© Francisca Castro, Ignacio Rodero, Carmen Sardinero, Begoña Rebollo
© SGEL Libros, S. L., 2021
Avda. Castilla La Mancha, 2, 19171 Cabanillas del Campo (Guadalajara)

Dirección editorial: Javier Lahuerta
Coordinación editorial: Jaime Corpas
Edición: Yolanda Prieto
Corrección: Belén Cabal
Explotación didáctica vídeos: Anna Méndez

Diseño de cubierta: Violeta Cabal
Fotografías de cubierta: Shutterstock
Diseño de interior: Verónica Sosa
Maquetación: Lanchuela

Ilustraciones: ÁNGELES PEINADOR: pág. 24 (ej. 3), pág. 25 (ej. 1), pág. 28 (ej. 3), pág. 33 (ej. 5), pág. 35 (ej. 1), pág. 38 (ej. 1), pág. 39 (ej. 3), pág. 41 (ej. 6), pág. 42 (ej. 1), pág. 44 (ej. 1), pág. 45 (ej. 2), pág. 66 (ej. 1), pág. 66 (ej. 2), pág. 67 (ej. 5), pág. 68 (ej. 1), pág. 108 (ej. 1. SHUTTERSTOCK: resto de ilustraciones, de las cuales, solo para uso de contenido editorial: pág. 79 (buke91 / Shutterstock.com).

Fotografías: ING IMAGE: pág. 17 ej1; pág. 19 ej. 6; pág. 22 fotos 1, 2, 4, 5, 6, 7, 8, 9 y 10. SHUTTERSTOCK: resto de fotografías, de las cuales, solo para uso de contenido editorial: pág. 10 foto 4 (JJFarq / Shutterstock.com); pág. 26 foto Úrsula Corberó (Andrea Raffin / Shutterstock.com); pág. 27 (ej. 7 foto J. K. Rowling); pág. 30 (ej1 foto Pablo Alborán); pág. 36 ej. 2 imagen de el Cristo Redentor (Guchici / Shutterstock.com); pág. 42 ej. 6 foto Plaza de Cataluña (nito / Shutterstock.com) y Palau de la Música (Arseniy Krasnevsky / Shutterstock.com); pág. 44 ej. 1 foto B (Marcin Krzyzak / Shutterstock.com), pág. 50 ej. 3 (Iso Pupo / Shutterstock.com); pág. 53 ej. 5 (Andre Luiz Moreira / Shutterstock.com); pág. 55 ej. 1 fotos A y B (Tinseltown / Shutterstock.com) y C (Quinn Jeffrey / Shutterstock.com); pág. 57 ej. 3 (Denis Makarenko / Shutterstock.com); pág. 90 foto izquierda (Stephen Clarke / Shutterstok.com), central (Federico Zovadelli / Shutterstok.com) y derecha (VanderWolf Images / Shutterstok.com).

Las fotos de las páginas 92-97 son capturas de los vídeos de Nuevo Compañeros.
Para cumplir con la función educativa del libro se han empleado algunas imágenes procedentes de internet.

Audio: Cargo Music

ISBN: 978-84-17730-49-9
Depósito legal: M-19736-2021
Printed in Spain – Impreso en España
Impresión: Gómez Aparicio Grupo Gráfico

Cualquier forma de reproducción, distribución, comunicación pública o transformación de esta obra solo puede ser realizada con la autorización de sus titulares, salvo excepción prevista por la ley. Diríjase a CEDRO (Centro Español de Derechos Reprográficos) si necesita fotocopiar o escanear algún fragmento de esta obra (www.conlicencia.com; 91 702 19 70 / 93 272 04 47).

Contenidos

Punto de partida		**6**
Unidad 1	**¿En casa o con los amigos?**	**10**
Unidad 2	**¿Qué tiempo hace?**	**17**
Unidad 3	**Biografías**	**24**
Unidad 4	**En casa y en el colegio**	**31**
Unidad 5	**El tráfico en mi ciudad**	**38**
Unidad 6	**¿Qué te pasa?**	**45**
Unidad 7	**¿A quién se parece?**	**52**
Unidad 8	**El futuro del planeta**	**59**
Unidad 9	**Sucesos**	**66**

APÉNDICE:

Refuerzo mi vocabulario y Algo más	**74**
Vídeos	**92**
Transcripciones	**99**

Punto de partida

VOCABULARIO

1 ¿Qué ves en la clase? Fíjate en las fotos y completa las palabras.

1 P _ _ _ _ _ _ _ _
2 R _ _ _ _ _ _
3 B _ _ _ _ _ _ _ _ _
4 M _ _ _ _
5 P _ _ _ _ _ _ _ _
6 O _ _ _ _ _ _ _ _ _
7 S _ _ _ _
8 L _ _ _ _ _
9 D _ _ _ _ _ _ _ _ _ _
10 L _ _ _ _

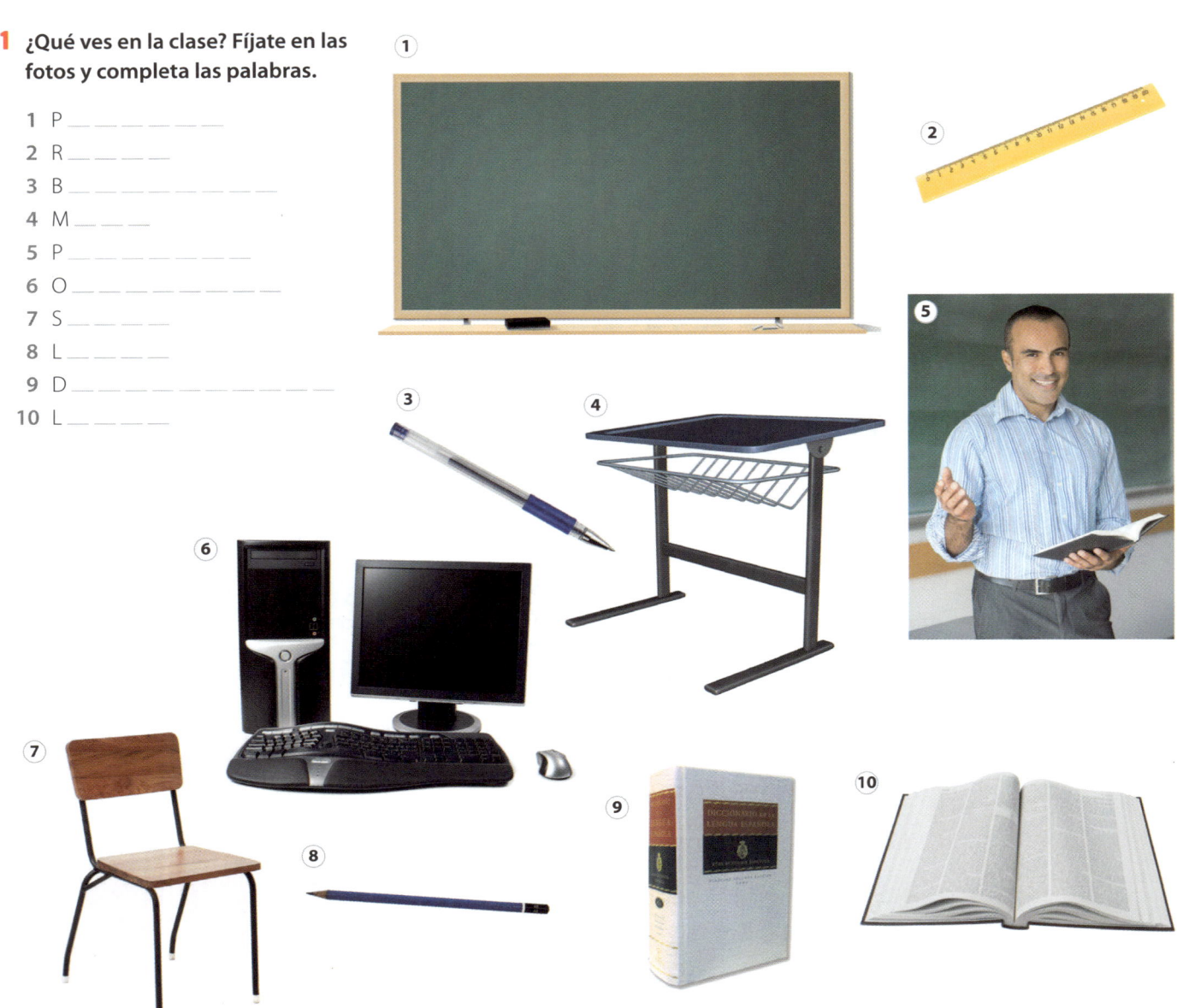

2 Lee las definiciones y expresa con una palabra a qué se refieren.

1 Esta persona trabaja en una biblioteca.

2 Esta persona corta el pelo a la gente.

3 Tú visitas a esta persona si estás enfermo.

4 Lugar donde se exponen cuadros u objetos artísticos.

5 Lugar donde venden todo tipo de comida y bebidas.

6 Lugar donde puedes comprar muchos libros.

7 Persona que conduce un autobús.

8 Lugar donde se compran las medicinas.

3 Escribe el contrario de los siguientes adjetivos.

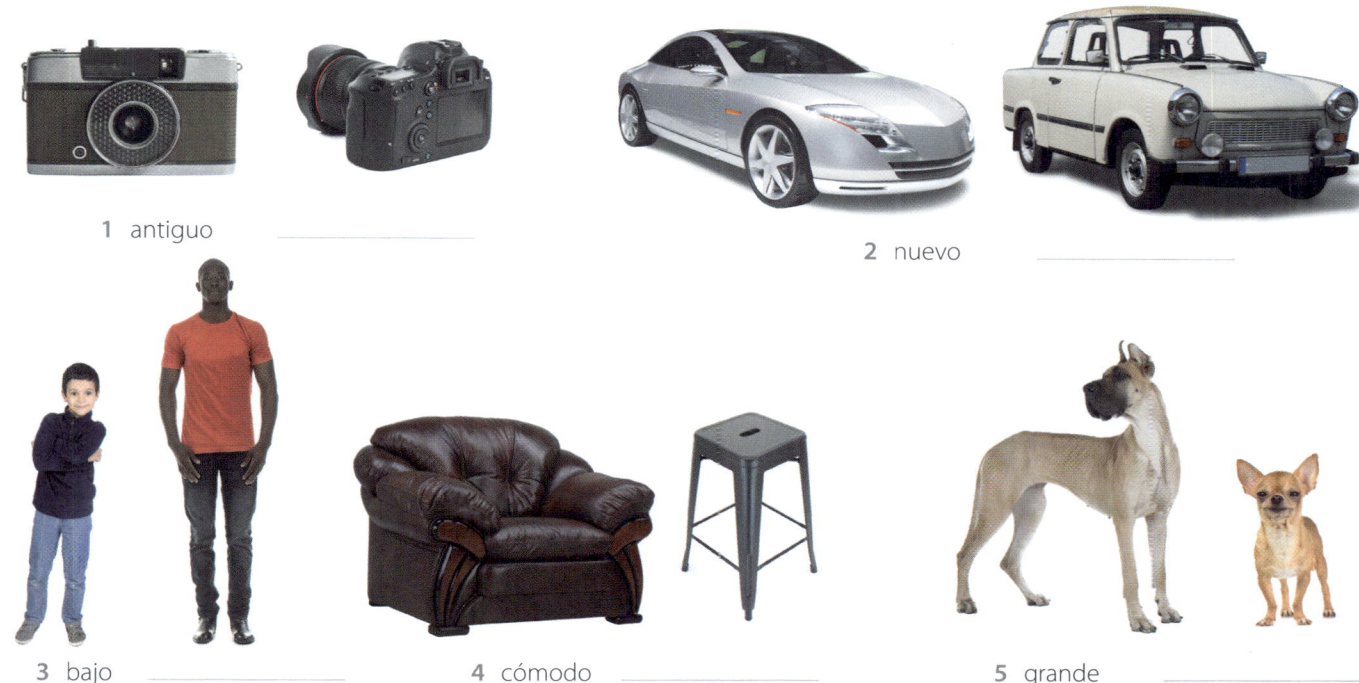

1 antiguo _____
2 nuevo _____
3 bajo _____
4 cómodo _____
5 grande _____

4 Añade cinco palabras más a cada una de las series.

1 enero, febrero, _____, _____, _____, _____, _____
2 lunes, martes, _____, _____, _____, _____, _____
3 padre, madre, _____, _____, _____, _____, _____
4 España, México, _____, _____, _____, _____, _____
5 mexicano, venezolano, _____, _____, _____, _____, _____
6 cabeza, brazo, _____, _____, _____, _____, _____
7 naranjas, manzanas, _____, _____, _____, _____, _____
8 dormitorio, cocina, _____, _____, _____, _____, _____
9 vestido, pantalón, _____, _____, _____, _____, _____
10 Matemáticas, Lengua, _____, _____, _____, _____, _____

5 Completa las frases con una palabra.

1 A mí me gusta comer los domingos en un **r**_____ italiano.
2 Messi es de **A**_____; él es **a**_____.
3 Yo tengo el **p**_____ largo y los **o**_____ verdes.
4 El mar es de color **a**_____.
5 Mi madre guarda la ropa en el **a**_____.
6 Carmen y Nacho tienen un **j**_____ lleno de flores.
7 Nosotros desayunamos en la **c**_____.
8 Cuando voy a correr, me pongo las **z**_____ **d**_____ **d**_____.
9 Rafa es el **m**_____ de Isabel. Ellos están casados.

GRAMÁTICA

Presente de los verbos *ser* y *estar*

1 Completa las frases con la forma correcta del presente del verbo *ser*.

1 Nosotros _____ estudiantes.

2 Mi profesor _____ argentino.

3 Tus amigos y tú _____ muy buenos jugando al baloncesto.

4 Tú _____ tan alto como yo.

5 La madre de Daniela _____ médico.

6 Yo _____ la delegada de clase.

7 Los cuadernos de Marta _____ muy bonitos.

8 ¿Tus padres _____ de Barcelona?

2 Elige la forma correcta del verbo *ser* o *estar*.

1 Mi gato **es / está** gris.
2 Amanda y mi hermana Alba **son / están** amigas. **Son / Están** siempre juntas.
3 Mis padres **son / están** en Venecia de vacaciones.
4 Jesús **es / está** ingeniero. Ahora **es / está** en la oficina.
5 ¿Vosotros **sois / estáis** en un equipo de fútbol?
6 Mis primos y yo **somos / estamos** en el mismo instituto.
7 ¿Quién **es / está** tu cantante favorito?
8 Hoy **soy / estoy** contento. Mis abuelos **están / son** en casa.
9 ¿**Es / Está** usted la nueva profesora de Música?
10 Tú **eres / estás** enfadado, ¿verdad?

3 Pregunta y contesta. Usa el verbo *ser* o *estar*.

1 ¿Cómo _____ tú hoy?

2 ¿De dónde _____ tu padre?

3 ¿Cuál _____ tu comida favorita?

4 ¿Tu hermano y tú _____ buenos en inglés?

5 ¿Dónde _____ tu mochila?

6 ¿Tus amigos _____ en la piscina?

Presente de los verbos regulares e irregulares

4 Completa las frases con el presente de los verbos entre paréntesis.

1. Amanda _____ (**tocar**) la flauta travesera.
2. Mi madre _____ (**trabajar**) en un instituto de Córdoba.
3. Mis padres y yo _____ (**comer**) en casa de mi abuela todos los domingos.
4. Javier e Inés _____ (**vivir**) en Alicante. ¿Dónde _____ (**vivir**) tú?
5. Nosotros _____ (**escribir**) en la revista del instituto.
6. Adrián y tú _____ (**jugar**) al ajedrez todos los viernes.
7. Yo siempre _____ (**leer**) antes de dormir.
8. Mi padre _____ (**comprar**) el pan todos los días.

5 Escribe la pregunta a las siguientes respuestas.

1. _____
   Vivo en Valencia.
2. _____
   Tengo catorce años.
3. _____
   Tengo dos hermanos.
4. _____
   Mi cumpleaños es en febrero.
5. _____
   Las clases empiezan a las ocho y media.

6 Completa las frases con la forma correcta de los siguientes verbos.

> ver • doler • jugar • hacer (x2) • ir
> tener (x2) • salir • llevar • venir

1. Yo _____ un móvil nuevo.
2. Irene _____ los deberes todos los días.
3. ¿Cuándo te _____ de vacaciones?
4. ¿Te _____ al concierto de Shakira?
5. ¿Qué _____ tus amigos y tú el sábado?
6. A mi abuela le _____ la cabeza porque no duerme bien.
7. Andrea y yo _____ al tenis los martes.
8. Mis compañeros y yo _____ «Los Simpsons» todos los días.
9. Lucía _____ con sus amigas los viernes.
10. El profesor de Inglés _____ un tatuaje y _____ un pendiente.

7 Corrige el error que hay en cada frase.

1. Amanda quiere ser veterinario.
   _____
2. Esta son mis zapatillas deportivas.
   _____
3. A mi madre la gusta el fútbol.
   _____
4. El gato es en la alfombra.
   _____
5. Alba tiene el pelo rubia.
   _____
6. Mi padre comprar el periódico todos los días.
   _____

8 Traduce las frases a tu idioma.

1. A mí me gusta bailar *funky*.
   _____
2. Avril Lavigne es de Canadá.
   _____
3. La novia de Rodrigo se sienta detrás de mí.
   _____
4. El gato está debajo de la cama.
   _____
5. *Cuéntame* es una serie de televisión.
   _____
6. Mis abuelos viven en el norte de España.
   _____
7. Mi padre tiene dos hermanos y una hermana.
   _____

¿En casa o con los amigos?

VOCABULARIO
• Actividades de tiempo libre

1 Completa el nombre de las actividades de tiempo libre utilizando los siguientes verbos.

enviar • escuchar • ver • quedarse • salir
ir • hacer (x2) • jugar (x2)

1 _____ con los amigos.

2 _____ deportes urbanos.

3 _____ al cine.

4 _____ con videojuegos.

5 _____ música.

6 _____ en casa.

7 _____ deporte.

8 _____ al ajedrez.

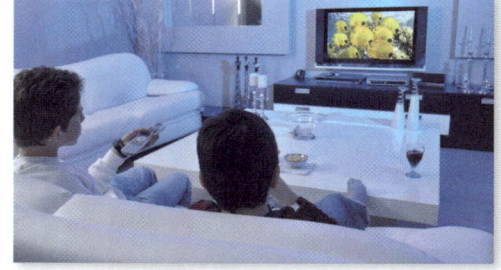

9 _____ la televisión.

10 _____ mensajes.

2 Relaciona las columnas y forma actividades de tiempo libre.

A	B	C
1 navegar		internet
2 jugar		la discoteca
3 ir	por	videojuegos
4 salir	en	compras
5 hablar	con	los amigos
6 bailar	de	la televisión
7 ver		teléfono

1 _____
2 _____
3 _____
4 _____
5 _____
6 _____
7 _____

3 Completa el texto con el vocabulario de los ejercicios anteriores.

Los fines de semana mi hermana María y yo hacemos cosas diferentes.
Yo siempre salgo con [1] _____. Vamos al polideportivo y hacemos [2] _____.
Mi hermana se queda los viernes [3] _____, ve [4] _____ o escucha _____ en su habitación. Algunos sábados vamos de [5] _____ con mi madre al centro comercial del barrio y por la tarde jugamos con [6] _____ en el ordenador. Los domingos juego al [7] _____ con mi amigo Sergio.
Mi hermana va a [8] _____ a la discoteca.

GRAMÁTICA

• *Estar* + gerundio   • Pronombres interrogativos   • Verbo *gustar*
• *Mucho / Bastante / No… mucho / No… nada*

1 Escribe frases en presente con *estar* + gerundio.

1 Yo / no hacer / la cena
_____

2 Mi madre / leer / un libro
_____

3 ¿(tú) / jugar / al ajedrez?
_____

4 Mis compañeros / escribir
_____

5 (nosotros) / no ver / una película
_____

6 ¿(vosotros) / comer / paella?
_____

2 Completa las frases con el presente de *estar* + gerundio de los siguientes verbos.

> **nadar • dormir • escuchar • enviar
> ver • estudiar • navegar • hacer**

1 Yo _____ la televisión en mi habitación.
2 Mi hermana _____ Matemáticas para el examen de mañana.
3 Mis hermanos _____ en la piscina.
4 • ¿Y vosotros? ¿Qué _____?
   ▪ _____ por internet.
5 Mi padre _____ la siesta y yo _____ música.
6 Mi madre _____ un mensaje a mi padre.

3 Completa el diálogo con el presente de *estar* + gerundio de los verbos entre paréntesis.

SARA: ¡Hola, Carlos! ¿[1] _____ (ver) la tele?
CARLOS: No, ¿por qué?
SARA: [2] _____ (empezar) un documental sobre Egipto. Es muy interesante. ¿Y tú qué [3] _____ (hacer)?
CARLOS: [4] _____ (terminar) mis deberes de Español. Mi hermana [5] _____ (estudiar) aquí conmigo.
SARA: ¿[6] _____ (preparar / vosotros) el examen de mañana?
CARLOS: Sí, [7] _____ (repasar) los ejercicios de gramática.
SARA: Vale, venga. Mañana nos vemos en el instituto.

4 Ahora lee el diálogo anterior, completa las preguntas con el pronombre interrogativo correcto y relaciónalas con su respuesta.

1 ☐ ¿_____ está haciendo Carlos?
2 ☐ ¿Con _____ está estudiando Carlos?
3 ☐ ¿_____ están preparando un examen?
4 ☐ ¿_____ se van a ver mañana Sara y Carlos?

a Carlos y su hermana.
b Está terminando sus deberes de Español.
c En el instituto.
d Con su hermana.

5 Escribe frases utilizando el presente simple o el presente de *estar* + gerundio.

1 Mi padre / leer / el periódico todos los días

2 Todos los veranos / mis primos / ir / de vacaciones a la playa

3 Mi vecino / tocar / el violín. No puedo dormir

4 • ¿Dónde / estar / Juan?
  ▪ Trabajar / con su padre

5 Mi hermana nunca / jugar / al ajedrez

6 Ahora / el niño / dormir

7 • ¿Qué / hacer (tú)?
  ▪ Hacer / los deberes

8 • ¿Qué / leer (vosotros) / ahora?
  ▪ Leer / poesía

9 Mis amigos y yo / usar / el móvil / todos los días

10 Todos los meses / Jorge y yo / comprar / revistas sobre deportes urbanos

11 El periodista / entrevistar / a Pau Gasol en este momento

6 Ordena las frases.

1 le / Clara / dibujar / a / gusta

2 jugar / mucho / con / mí / gusta / me / videojuegos / a

3 ¿ / a / pescado / ti / el / gusta / te / ?

4 nada / nosotros / gusta / a / nos / madrugar / no

5 perros / Nacho / gustan / a / le / los

6 teatro / mucho / no / a / ir / amigos / gusta / mis / les / al

7 ¿ / pantalones / mis / gustan / os / ?

7 Completa las frases con *me, te, le, nos, os, les* + *gusta* / *gustan*.

1 A mí _____ viajar.
2 ¿A vosotros _____ leer?
3 A mi padre no _____ mucho el fútbol.
4 A Isabel y a Ángel _____ ir a la playa.
5 A mi hermano y a mí _____ las películas de terror.
6 ¿A ti _____ los deportes?
7 A mí _____ mucho las *pizzas*.
8 A mi madre no _____ planchar.
9 ¿A ti _____ jugar al ajedrez?
10 A mis abuelos no _____ montar en avión.

8 Completa la tabla con las siguientes expresiones.

**no me gusta mucho • me gusta bastante
no me gusta nada • me gusta mucho**

1	👍👍👍
2	👍👍
3	👎👎
4	👎👎👎

9 Escribe frases utilizando las expresiones del ejercicio anterior.

1 mis amigos / los videojuegos

2 nosotros / ir a la piscina

3 (yo) / las revistas de coches

4 ellos / comer verdura

5 mi madre / ver el fútbol por la televisión

10 Completa el texto con la forma correcta del verbo *gustar*.

Cuando salgo con mis amigos los fines de semana, tenemos algunos problemas: a cada uno [1] _____ hacer cosas diferentes. A mi amiga Susana y a mí [2] _____ mucho ir a bailar, pero a los chicos no [3] _____ nada. Cuando vamos a hacer deporte, a ellos y a nosotras también [4] _____ deportes diferentes: a mí [5] _____ los paseos en bicicleta; a Susana [6] _____ la natación; y a ellos, normalmente, [7] _____ mucho jugar al fútbol.
Al final, siempre acabamos hablando en un banco del parque.

COMUNICACIÓN

• Hablar por teléfono • Invitar a un(a) amigo/-a • Expresar gustos y aficiones

1 Ordena la conversación telefónica.

☐ **MADRE:** Sí, espera un momento. Ahora se pone.
☐ **JAIME:** Bueno, pues entonces nos vemos mañana en el instituto.
☐ **JAIME:** ¡Hola, soy Jaime!
☐ **MARÍA:** No, no puedo, estoy haciendo los deberes.
☐ **MADRE:** ¡Hola, Jaime! ¿Qué tal?
☐ **JAIME:** ¿Y María?
☐ **MADRE:** ¿Sí, dígame?
☐ **JAIME:** Bien, gracias. ¿Está Alberto en casa?
☐ **MARÍA:** ¡Hola, soy María! ¿Qué pasa, Jaime?
☐ **MADRE:** No, no está.
☐ **JAIME:** ¿Te vienes al parque a jugar un partido de fútbol?
☐ **MARÍA:** ¡Hasta mañana!

2 Completa la conversación con las siguientes expresiones.

> ¡Hasta mañana! • Te vienes • espera un momento
> Está • ¿Y mañana? • ¿Sí, dígame?

PADRE: [1] _____.
ALBA: ¡Hola, soy Alba! ¿[2] _____, Sonia?
PADRE: Sí, [3] _____, ahora se pone.
SONIA: ¡Hola, Alba! Soy Sonia. ¿Qué tal?
ALBA: ¡Hola, Sonia! ¿[4] _____ de compras?
SONIA: No, hoy no puedo. Esta tarde tengo clase de piano.
ALBA: [5] _____
SONIA: Por la mañana juego un partido de baloncesto, pero por la tarde estoy libre.
ALBA: Vale, pues vamos mañana por la tarde. ¿Qué tal a las cinco?
SONIA: Estupendo. Mañana nos vemos entonces.
ALBA: [6] _____.

3 Escucha y contesta a las preguntas.

1 ¿De quién es el contestador automático?
2 ¿Está Cristina en su casa?
3 ¿A dónde va Elena mañana?
4 ¿Con quién va?
5 ¿A qué hora salen?
6 ¿De dónde salen?
7 ¿Cómo van?
8 ¿Qué van a comer?
9 ¿Cuánto cuesta la entrada?
10 ¿A qué hora vuelven?

COMUNICACIÓN Y VOCABULARIO

• Actividades después de la escuela

1 Completa las frases con las siguientes estructuras en su forma correcta (presente simple o *estar* + gerundio).

> ir a entrenar • ir a la biblioteca • ir a clases de Español
> tocar el piano • montar en bicicleta • ir a correr
> nadar • cantar en un coro • hacer teatro • ~~cocinar~~

• ¿Qué estás haciendo?
▪ *Estoy cocinando*. Vienen unos amigos a cenar.

1. Siempre que tengo tiempo, _____ al parque. Me tengo que poner en forma.
2. ¿Quién _____? Es una pieza musical preciosa.
3. Mi hermano _____ en su instituto: para final de curso tienen el estreno.
4. • ¿Dónde está tu padre ahora?
   ▪ _____ con el equipo ciclista del barrio.
5. ¿Sabes que _____? Todos los fines de semana aprendemos nuevas canciones.
6. Estoy en un equipo de fútbol. _____ tres días por semana.
7. Mi hermana y yo _____ los martes y jueves. Queremos ir de vacaciones a España.
8. Tengo dolor de espalda. _____ todos los días. Los ejercicios en el agua son muy buenos.
9. Cuando quiero leer algo, _____ a buscar un libro.

2 Completa el texto utilizando el vocabulario del ejercicio anterior.

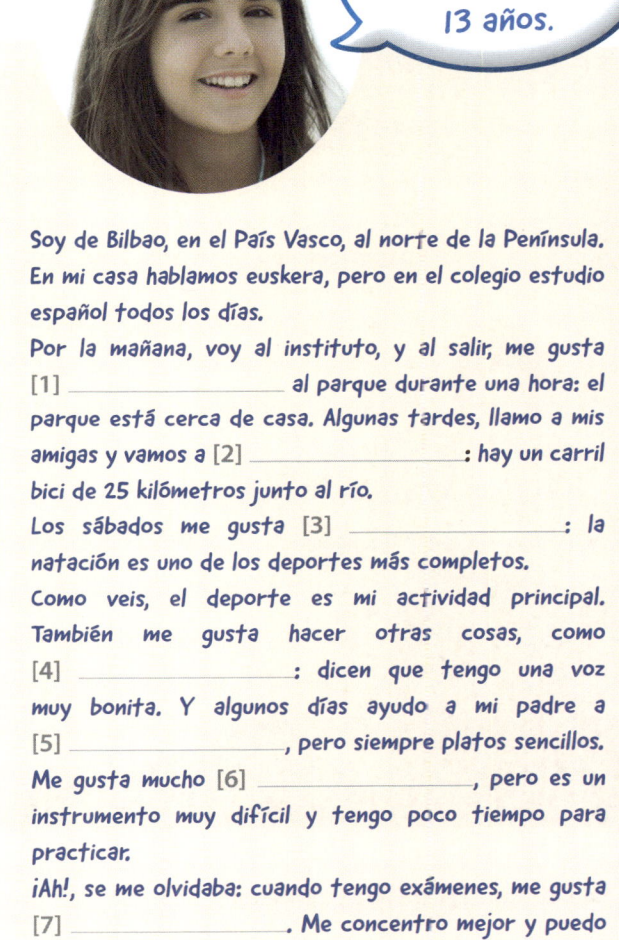

Hola, me llamo Ángela y tengo 13 años.

Soy de Bilbao, en el País Vasco, al norte de la Península. En mi casa hablamos euskera, pero en el colegio estudio español todos los días.
Por la mañana, voy al instituto, y al salir, me gusta [1] _____ al parque durante una hora: el parque está cerca de casa. Algunas tardes, llamo a mis amigas y vamos a [2] _____: hay un carril bici de 25 kilómetros junto al río.
Los sábados me gusta [3] _____: la natación es uno de los deportes más completos.
Como veis, el deporte es mi actividad principal. También me gusta hacer otras cosas, como [4] _____: dicen que tengo una voz muy bonita. Y algunos días ayudo a mi padre a [5] _____, pero siempre platos sencillos.
Me gusta mucho [6] _____, pero es un instrumento muy difícil y tengo poco tiempo para practicar.
¡Ah!, se me olvidaba: cuando tengo exámenes, me gusta [7] _____. Me concentro mejor y puedo consultar libros.

3 Escribe tres frases sobre qué actividades haces durante la semana.

¿Qué actividades haces?
¿Cuándo? ¿Con quién?

Los lunes y jueves voy a entrenar con mi equipo de baloncesto.

quince **15**

DESTREZAS

• Aficiones   • Adverbios de frecuencia

Leer

1 Lee los siguientes textos y di si las frases siguientes son verdaderas (V) o falsas (F).

1. ☐ A Ana le gusta mucho el deporte.
2. ☐ Ana juega en el equipo de su ciudad.
3. ☐ Ana solo ve los partidos de baloncesto por la televisión.
4. ☐ Roberto es guitarrista de rock.
5. ☐ Roberto toca en un grupo con sus amigos.
6. ☐ Él y sus amigos ensayan a diario.

Aficiones

¡Hola! Me llamo Ana. Tengo 13 años y soy de Vitoria. ¿Te gusta el baloncesto? A mí me gusta mucho y estoy en el equipo del instituto. Este año estamos jugando el campeonato provincial y ¡somos los primeros!
Los fines de semana me gusta mucho ver deportes por la televisión y voy a algunos partidos de baloncesto con mis amigos. Nuestro equipo favorito es el Tau-Vitoria. Son muy buenos. Y tú, ¿qué haces con tus amigos?

¡Hola! Soy Roberto. Mi vida es la música. Me gusta mucho tocar la guitarra y estoy con mis amigos en un grupo de música rock. Los fines de semana nos juntamos y ensayamos nuestras canciones favoritas. Ahora estamos escribiendo unas canciones nuevas para el concierto de fin de curso del instituto. Cuando tenemos dinero, nos gusta mucho ir a algún concierto. Y a ti, ¿qué música te gusta? ¿Cuál es tu grupo favorito?

2 Lee los textos otra vez y contesta a las siguientes preguntas.

1. ¿Dónde juega Ana al baloncesto?
2. ¿Cómo van en el campeonato?
3. ¿Qué le gusta hacer a Ana los fines de semana?
4. ¿Qué le gusta hacer a Roberto?
5. ¿Qué están preparando ahora?
6. ¿Qué hacen cuando tienen dinero?

Escribir

3 Contesta a estas preguntas sobre ti.

1. ¿Cuál es tu actividad favorita?
2. ¿Cuándo y con quién la practicas?
3. ¿A dónde te gusta ir con tus amigos?

4 Escribe en tu cuaderno un pequeño texto de presentación contando lo que te gusta hacer normalmente, muchas veces, algunas veces, casi nunca o nunca.

¿Qué tiempo hace?

VOCABULARIO

• El tiempo atmosférico • Fenómenos y desastres naturales

1 ¿Qué tiempo hace?

Bogotá **(llover)**
En Bogotá está lloviendo.

1 Segovia **(niebla)**

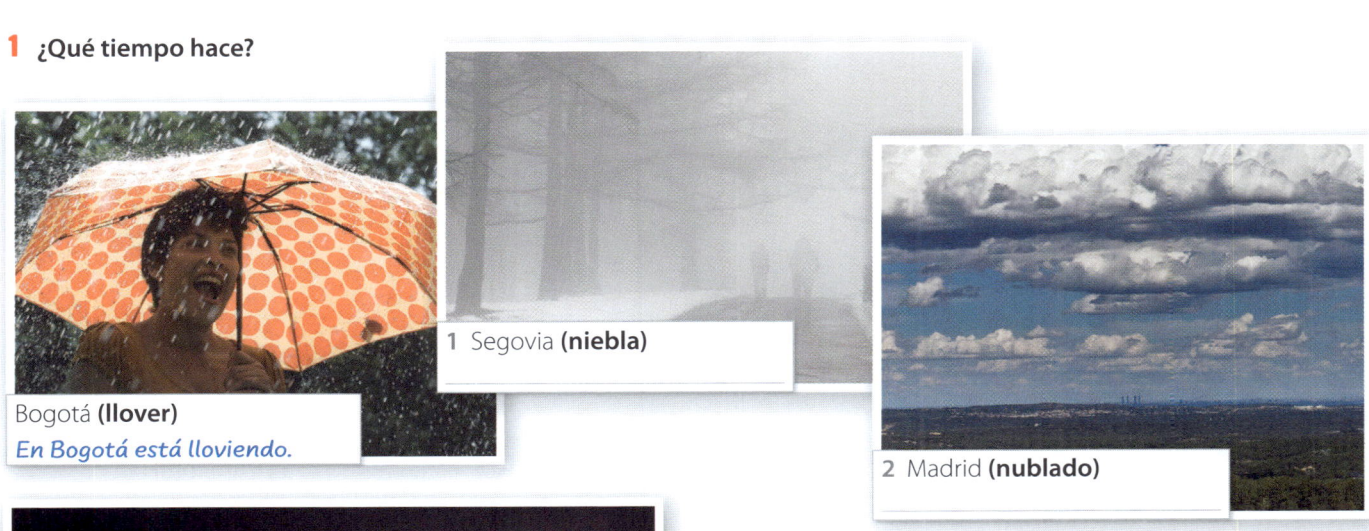

2 Madrid **(nublado)**

3 Sevilla **(tormenta)**

4 Barcelona **(sol)**

5 Buenos Aires **(frío)**

6 Granada **(nevar)**

7 Valencia **(viento)**

diecisiete **17**

2 Ordena estas palabras relacionadas con el tiempo y escribe frases con ellas.

1 a b i n l e
2 l a c r o
3 n v i t o e
4 e v i n e
5 í r f o
6 o l s
7 n a t r o t e m
8 b a u d l o n

3 Completa las frases con las siguientes palabras.

> terremoto • rayos • incendios • granizada
> tornados • inundación

1 En verano hay muchos _____.
2 Cuando hay una tormenta, vemos muchos _____.
3 Cuando hay un _____, algunas casas se caen.
4 Los _____ pueden levantar en el aire animales y cosas.
5 Se llena todo de agua cuando hay una _____.
6 Una _____ muy fuerte puede estropear las cosechas.

GRAMÁTICA

• *Ir a* + infinitivo   • Pronombres de objeto directo

1 Completa el presente del verbo *ir*.

	ir
yo	voy
tú	
él / ella / Ud.	
nosotros/-as	
vosotros/-as	
ellos / ellas / Uds.	

2 Escribe las instrucciones del entrenador en el orden correcto.

1 vamos / sábado / jugar / el / partido / un / a
2 jueves / entrenar / el / y / vamos / martes / a / el
3 una / van / las / preparar / madres / merienda / a
4 en / vais / estadio / ir / a / autobús / al
5 antes / yo / partido / instrucciones / dar / del / voy / las / a
6 va / contrario / no / el / ganar / a / equipo
7 hacer / va / buen / muy / a / tiempo

3 ¿Qué van a ser en el futuro? Haz frases utilizando las siguientes expresiones en su forma correcta.

> bibliotecario/-a • director(a) de cine • cocinero/-a
> ~~jardinero/-a~~ • diseñador(a) de videojuegos
> fotógrafo/-a • científico/-a • escritor(a)
> profesor(a) de Lengua • cantante

A Samuel le gustan mucho las plantas.
Va a ser jardinero.

1 A Isabel y a María les gusta mucho escribir.
2 A mí me encanta jugar al videojuego *League of legends*.
3 Mi hermano canta muy bien.
4 A Pilar y a Guillermo les gusta mucho el cine.
5 A ti te gusta mucho la clase de Lengua.
6 A vosotros os gusta mucho ir a la biblioteca.
7 A Enrique le gusta hacer experimentos en el laboratorio.
8 Eva siempre hace fotos cuando va de vacaciones.
9 Iván siempre está en la cocina y prepara la comida.

4 Escribe preguntas con la forma correcta de *ir a* + infinitivo.

1 ¿Qué / escribir / Isabel y María?
   _____

2 ¿Qué / enseñar / tú?
   _____

3 ¿Dónde / trabajar / vosotros?
   _____

4 ¿Qué / hacer / Pilar y Guillermo?
   _____

5 ¿Dónde / trabajar / Samuel?
   _____

6 ¿Qué / comer / tus padres?
   _____

5 Lee la información del ejercicio 3 y contesta a las preguntas del ejercicio anterior utilizando las siguientes palabras.

jardín   novelas   películas   biblioteca   paella   Lengua

1 _____
2 _____
3 _____
4 _____
5 _____
6 _____

6 Mira las tablas y escribe cinco frases sobre los planes que tienen Alba y Pablo para el fin de semana.

SÁBADO		
	mañana	tarde
Alba	Ir a nadar.	Ir al cine con los amigos.
Pablo	Jugar al baloncesto.	Ir al cine con los amigos.

DOMINGO		
	mañana	tarde
Alba	Hacer los deberes.	Quedarse en casa.
Pablo	Hacer los deberes.	Quedar con Pedro para jugar al ordenador.

Alba y Pablo van a hacer los deberes el domingo por la mañana.

1 _____
2 _____
3 _____
4 _____
5 _____

7 Completa la tabla con los siguientes pronombres.

nosotras · lo · ellas · me · las · él · te · vosotros

PRONOMBRES	
Pronombres sujeto	Pronombres objeto
yo	[5] _____
tú	[6] _____
[1] _____ / ella / Ud.	[7] _____ / la / le
nosotros / [2] _____	nos
[3] _____ / vosotras	os
ellos / [4] _____ / Uds.	los / [8] _____ / les

8 Completa las frases con los siguientes pronombres.

lo (x2) • me • te (x2) • la • nos • los • os • las

1 Esa actriz es muy buena. _____ veo todos los jueves en la televisión.
2 Me gusta mucho este periódico. _____ leo todos los días.
3 ¡Eres un padre fantástico! ¡_____ quiero mucho!
4 Me gustan mucho las películas de *El Señor de los Anillos*. _____ he visto todas.
5 No puedo usar el diccionario. No _____ tengo aquí.
6 Estoy haciendo los deberes. _____ voy a terminar antes de salir con mis amigos.
7 Mamá, quiero un helado. ¿_____ invitas?
8 • ¿Te acuerdas de nosotros?
  ▪ No, creo que no _____ conozco.
9 • ¿Cuándo ves a tus amigos?
  ▪ _____ vemos todos los días en el recreo.
10 ¿Dónde estabas? No _____ vimos en el concierto.

9 Completa el texto. Utiliza los pronombres correctos.

[1] _____ salgo los fines de semana con mis amigos. Son estupendos: [2] _____ quiero mucho. Andrés es el más simpático. [3] _____ conocí cuando éramos pequeños. Siempre hablamos de cosas divertidas. Algunas veces vamos al cine. A mis amigos y a mí nos encantan las películas de terror: [4] _____ vamos a ver siempre que podemos. ¿[5] _____ también vas al cine con tus amigos?

COMUNICACIÓN

• Sugerir una actividad   • Pedir permiso   • Expresar intenciones   • Hacer predicciones

1 Mira la información en la agenda de Alejandra y contesta a las preguntas.

LUNES	MARTES	MIÉRCOLES	JUEVES	VIERNES	SÁBADO	DOMINGO
6 h entrenamiento de fútbol	4:30 h clase de Música	preparar examen de Historia	6 h entrenamiento de fútbol	7 h cumpleaños de Pedro	10 h partido	comida en casa de los tíos

1 ¿Qué días va a entrenar Alejandra?

2 ¿A qué hora es la clase de Música?

3 ¿Qué va a estudiar el miércoles?

4 ¿A dónde va a ir el viernes?

5 ¿Cuándo va a jugar el partido?

6 ¿Qué va a hacer el domingo?

2 Completa los diálogos utilizando las siguientes expresiones.

- Te llamo esta noche
- ¿Qué vas a hacer este fin de semana?
- ¿Te vienes conmigo?
- Eso no
- Puedo ir con
- ¿Y el sábado?
- Y puedo dormir
- Sí, no hay ningún problema

DAVID: Oye, Alberto. [1] _____.
Yo voy a ir al cine el viernes. [2] _____.

ALBERTO: El viernes no puedo. Es el cumpleaños de Pedro y voy a ir a su fiesta.

DAVID: [3] _____.

ALBERTO: Por la mañana voy a jugar un partido, pero la tarde la tengo libre.

DAVID: Vale, pues podemos ir el sábado y luego te puedes quedar a dormir en mi casa.

ALBERTO: No sé… Se lo voy a preguntar a mi madre. [4] _____.

***

ALBERTO: Oye, mamá. [5] ¿_____ David al cine el sábado por la tarde?

MAMÁ: [6] _____.

ALBERTO: [7] ¿_____ luego en su casa?

MAMÁ: [8] _____, porque el domingo nos vamos a ir temprano al pueblo para comer con los tíos.

ALBERTO: Bueno… Pues entonces me vengo a dormir a casa.

COMUNICACIÓN Y VOCABULARIO

• Geografía y paisaje

1 Lee las definiciones y completa las palabras.

1 Abertura en una montaña por donde se expulsan lava y gases.
V_____

2 Corriente permanente de agua por un cauce natural. R_____

3 Cada una de las grandes porciones de la superficie terrestre separadas entre sí por océanos. C_____

4 Acumulación permanente de agua, menor que la llamada «mar».
L_____

5 Porción de tierra rodeada de mar.
I_____

6 Terreno que queda entre dos montañas o cordilleras. V_____

7 Lugar arenoso, desprovisto de vegetación, poco habitado o poco fértil.
D_____

8 Cavidad en la superficie de la tierra o en el interior de ella, natural o artificial.
C_____

9 Terreno llano con suelo de arena a la orilla del mar. P_____

10 Gran elevación natural del terreno.
M_____

2 Completa el texto utilizando las siguientes palabras.

| océano • volcán • península • isla • valles • río
| desierto • lagos • continente • costa • playas • montaña |

España está en una [1]_____ que se encuentra en el [2]_____ europeo.
Su [3]_____ más largo es el Tajo que desemboca en el [4]_____ Atlántico.
Este país tiene bonitas [5]_____ como las de la [6]_____ del Sol.
La [7]_____ más alta es el Teide, que es un [8]_____ activo que se encuentra en la [9]_____ de Tenerife.
España está llena de contrastes. En el norte podemos encontrar preciosos [10]_____, así como [11]_____ en las montañas más altas, mientras que en el sur existen zonas áridas como el [12]_____ de Almería.

3 ¿Cuánto sabes de geografía de España? Haz la prueba.

1 ¿Qué montaña es más alta?
   a El Aneto   b El Teide
2 ¿Cuántas islas tiene el archipiélago canario?
   a Siete   b Cinco
3 ¿En qué provincia está la Costa del Sol?
   a Málaga   b Barcelona
4 ¿Cómo se llama el conjunto de montañas que separan España de Francia?
   a Pirineos   b Montes de Toledo
5 ¿Cómo se llama el desierto que está en Andalucía?
   a Los Monegros   b Desierto de Tabernas
6 ¿Qué océano baña la costa oeste de España?
   a Pacífico   b Atlántico
7 ¿Dónde está el Lago de Mar?
   a En el Valle de Arán   b En Covadonga
8 ¿Dónde se encuentra la Cueva de Altamira?
   a En Lanzarote   b En Cantabria

DESTREZAS

• Planes de futuro

Leer

1 Todas las semanas recibimos correos electrónicos en nuestra revista del instituto contándonos planes de futuro de nuestros lectores. Estos son algunos ejemplos.

Cartas de los lectores

Gloria y Enrique

Las próximas Navidades a mi hermano y a mí nos van a regalar un perro. Mis padres van a adoptarlo en una casa de acogida de animales que está cerca de Valladolid. Nosotros nos vamos a encargar de sacarlo a pasear todas las mañanas antes de ir al instituto y por la noche antes de acostarnos. Va a ser el juguete de la familia, pero sabemos que es una gran responsabilidad.

Jesús

La próxima semana es mi cumpleaños. Estoy muy contento porque voy a ir con mis amigos de compras con el dinero que me van a regalar mis padres. Me voy a comprar unos pantalones vaqueros, una camiseta y una sudadera con capucha. Es la primera vez que vamos a ir de compras solos.

Fabián

Me gusta mucho el ciclismo. Quiero organizar una excursión en bicicleta con mis amigos para el próximo verano. Vamos a buscar distintas sendas en internet. Vamos a dormir en una tienda de campaña y nos vamos a hacer nuestra propia comida. Para poder hacerlo tenemos que ahorrar algo de dinero y sacar buenas notas. ¿Te gusta el plan? ¿Te quieres apuntar?

2 Contesta a las preguntas.

1. ¿Cuándo es el cumpleaños de Jesús?
2. ¿Qué va a hacer con el dinero de su cumpleaños?
3. ¿Qué les van a regalar a Gloria y a Enrique?
4. ¿De qué se van a encargar ellos?
5. ¿Con quién va a viajar Fabián el próximo verano?
6. ¿Qué tienen que hacer para poder organizar su viaje?

Escuchar

3 Escucha los planes de una de nuestras lectoras y contesta a las preguntas.

1. ¿Para cuándo son los planes de Teresa?
2. ¿Qué va a hacer para no llegar tarde al instituto?
3. ¿Qué va a hacer todas las tardes?
4. ¿Le gusta jugar con su ordenador?
5. ¿Qué dos planes tiene para mejorar su salud?

Biografías

VOCABULARIO

• Acontecimientos de la vida

1 Separa las palabras y busca ocho expresiones.

1. _____
2. _____
3. _____
4. _____
5. _____
6. _____
7. _____
8. _____

CASARSENACER
ACABARLOSES
TUDIOSIRALCO
LEGIOTENER
HIJOSENCON
TRARTRABA
JOIRALAUNI
VERSIDADA
PRENDERAC
ONDUCIR

2 Completa las frases siguientes con una de las expresiones del ejercicio 1 en pretérito indefinido.

1. Mis padres _____ en 1992 y _____ su primer hijo en 1995.
2. Yo _____ cuando tenía 5 años.
3. Mi madre _____ con 18 años y _____ a los 23 años. Después _____ como profesora de Inglés.
4. Mi padre _____ mientras estaba en la universidad.

3 ¿Qué expresiones del ejercicio 1 van con las siguientes imágenes?

1 _____

2 _____

3 _____

4 _____

GRAMÁTICA

• Pretérito indefinido • Marcadores temporales

1 Escribe qué hizo Teo ayer. Usa el pretérito indefinido de los siguientes verbos.

> jugar • comprar • ver • ir • hacer • estar • comer

1 _____ al instituto.

2 _____ una hamburguesa.

3 _____ al baloncesto.

4 _____ en la tienda y _____ un videojuego.

5 _____ los deberes.

6 _____ la televisión.

2 Escribe el pretérito indefinido de los siguientes verbos.

aprender / ellos   *aprendieron*

1 casarse / nosotros _____
2 vivir / tú _____
3 coger / yo _____
4 acabar / vosotros _____
5 tener / él _____
6 encontrar / tú _____
7 escribir / ella _____
8 hacer / yo _____
9 estar / nosotros _____

3 Escribe frases con la forma correcta del pretérito indefinido.

1 Yo / casarse / en 1993.

2 ¿(tú) / vivir / en Berlín hace un año?

3 Carmen y yo / trabajar / juntas en un instituto de Madrid.

4 Mis padres / comprar / una casa en el pueblo.

5 ¿(vosotros) / ver / el musical ayer?

6 Alejandra / aprender / a nadar a los veinte meses.

7 Mis amigos y yo / ir / a los Pirineos el verano pasado.

8 Yo / no estar / en casa de Marta.

4 Completa el texto con el pretérito indefinido de los siguientes verbos.

aparecer • triunfar • convertirse • estudiar • recibir • ganar • nacer • actuar

Úrsula Corberó

[1] _____ el 11 de agosto de 1989 en Barcelona. A los trece años [2] _____ interpretación y canto. [3] _____ por primera vez como protagonista en una serie de televisión en el año 2000 y en 2008 saltó a la fama por su participación en la serie *Física o química*, en donde [4] _____ tres premios por su interpretación.

Después de distintos trabajos en teatro, cine y series, obteniendo distintos premios, [5] _____ internacionalmente con la serie española *La casa de papel* (2017), en la que [6] _____ como protagonista (Tokio), papel por el que [7] _____ el Premio Iris en 2018.

En mayo de 2018, Corberó [8] _____ en la figura española más seguida en Instagram con más de cinco millones de seguidores.

5 Completa la conversación con las siguientes palabras.

hicisteis • fuiste • nos • comer • con quién
te • estuve • vimos • después

ELENA: ¿[1] _____ al cine ayer por la tarde?
IRENE: Sí.
ELENA: ¿[2] _____ estuviste?
IRENE: [3] _____ con Pablo y [4] _____ *El libro de la selva*.
ELENA: ¿Y [5] _____ gustó?
IRENE: Pues, la verdad es que no.
ELENA: ¿Qué [6] _____ [7] _____?
IRENE: [8] _____ fuimos a [9] _____ una *pizza*.

6 Traduce las frases a tu idioma.

1 Yo fui al colegio con cinco años.

2 Mis abuelos tuvieron cuatro hijos.

3 Mi padre se compró un coche hace dos años.

4 Irene hizo los deberes en la biblioteca.

5 Nosotros aprendimos español cuando teníamos 10 años.

6 Sara y tú salisteis juntos hace tres meses.

7 Escribe frases con el verbo en pretérito indefinido y la expresión temporal *hace*…

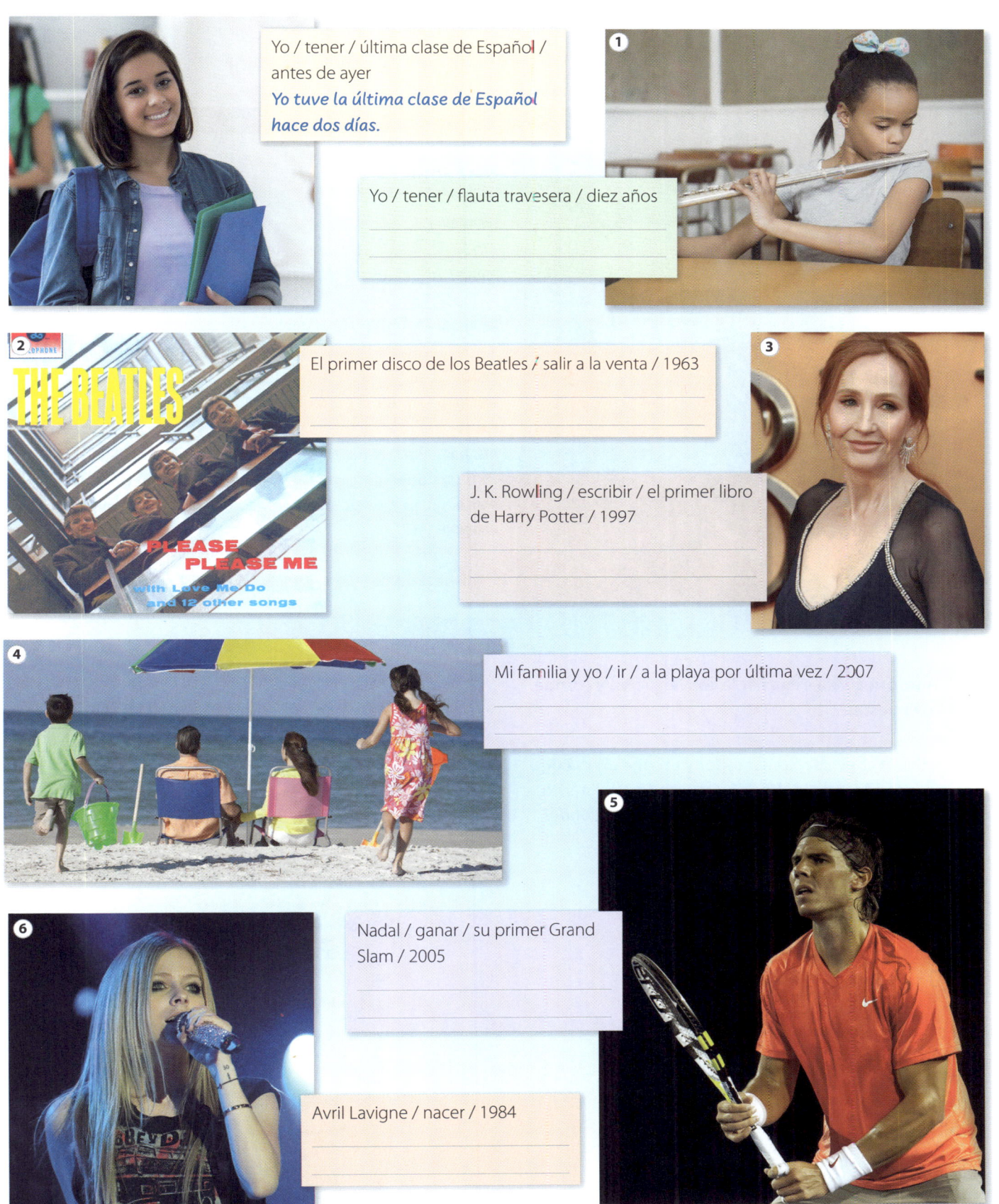

Yo / tener / última clase de Español / antes de ayer
Yo tuve la última clase de Español hace dos días.

Yo / tener / flauta travesera / diez años

El primer disco de los Beatles / salir a la venta / 1963

J. K. Rowling / escribir / el primer libro de Harry Potter / 1997

Mi familia y yo / ir / a la playa por última vez / 2007

Nadal / ganar / su primer Grand Slam / 2005

Avril Lavigne / nacer / 1984

COMUNICACIÓN

• Interrogativos

1 🎧 Escucha la conversación entre Amanda y Paula y completa las palabras que faltan.

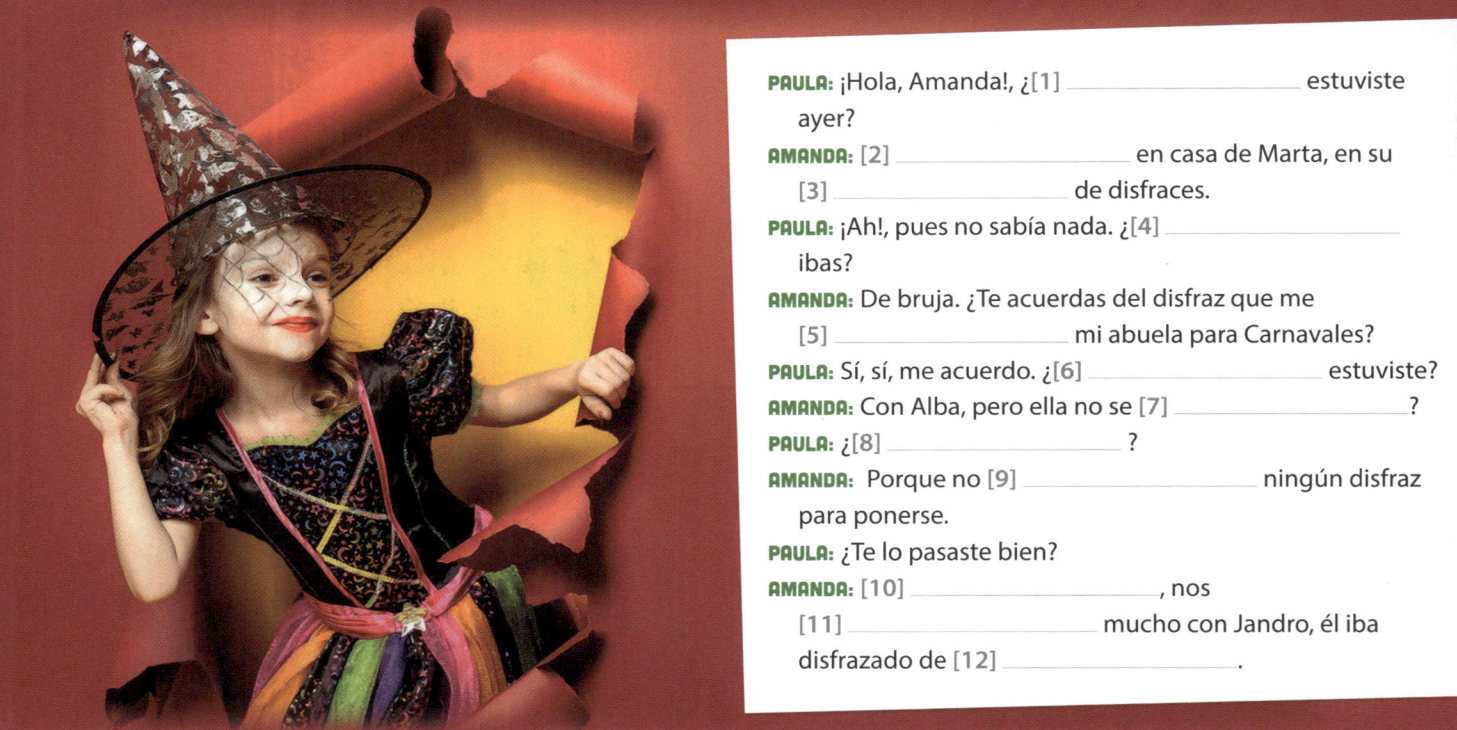

PAULA: ¡Hola, Amanda!, ¿[1] _____ estuviste ayer?
AMANDA: [2] _____ en casa de Marta, en su [3] _____ de disfraces.
PAULA: ¡Ah!, pues no sabía nada. ¿[4] _____ ibas?
AMANDA: De bruja. ¿Te acuerdas del disfraz que me [5] _____ mi abuela para Carnavales?
PAULA: Sí, sí, me acuerdo. ¿[6] _____ estuviste?
AMANDA: Con Alba, pero ella no se [7] _____?
PAULA: ¿[8] _____?
AMANDA: Porque no [9] _____ ningún disfraz para ponerse.
PAULA: ¿Te lo pasaste bien?
AMANDA: [10] _____, nos [11] _____ mucho con Jandro, él iba disfrazado de [12] _____.

2 🎧 Ahora vuelve a escuchar la conversación y corrige tus respuestas.

3 Practica la conversación anterior y escribe un diálogo similar cambiando la situación y usando el pretérito indefinido y los pronombres interrogativos ¿dónde?, ¿cuándo?, ¿con quién?, ¿cómo? y ¿por qué?

4 Por parejas, pregúntale a tu compañero sobre lo que hizo Andrés el fin de semana pasado, fijándote en el dibujo. Utiliza los siguientes pronombres interrogativos.

¿Dónde? • ¿Cuándo? • ¿A qué hora?
¿Con quién? • ¿Cómo? • ¿Qué? • ¿Por qué?

COMUNICACIÓN Y VOCABULARIO

• El mundo del arte y la cultura

1 Busca en la sopa de letras seis lugares donde puedes desarrollar actividades relacionadas con el mundo del arte y la cultura.

```
S W E E J C D I W X C K O I A T
A R O U L S K K M K P U S V C A
L Q G J G S F B I U M I P J A L
A M A J K E X C G P H A L Q D L
D K S S J W D U C O J E A R E E
E S T L X B R C Y O C X T I M R
C R P S Q S W R L X N K Ó H I D
O K H J L O T E A T R O D H A E
N L I B R E R Í A J X U E J D P
C O G M R C H D X C X Q C J E I
I I P D V G W N J U A N I B B N
E Y H C S D V Y D W N C N N A T
R M D M K M J R A K T Q E E I U
T N W A D O E G R K T S J R L R
O O A F A I C E M I B S E J E A
S M A I L S O T C K I A T Q B E
```

2 Une las palabras con las definiciones.

1. ☐ Teatro
2. ☐ Plató de cine
3. ☐ Librería
4. ☐ Sala de exposiciones
5. ☐ Academia de baile
6. ☐ Sala de conciertos

a Tienda de libros.
b Lugar donde se representan obras dramáticas.
c Lugar donde hay música en directo.
d Escuela donde se dan clases de danza.
e Lugar donde se exponen cuadros.
f Lugar donde se ruedan películas.

3 Completa el crucigrama con profesiones artísticas.

Verticales
1 Autor de novelas.
3 Persona que se dedica profesionalmente a cantar.
6 Mujer que representa un personaje en el cine o en el teatro.

Horizontales
2 Persona que crea o interpreta música.
4 Persona que da instrucciones a los actores.
5 Persona que graba las imágenes de una película.
7 Hombre que se dedica a pintar cuadros.

4 Completa las frases con la correspondiente profesión.

1 Mozart fue un genial _____ austriaco.
2 Penélope Cruz es una gran _____.
3 Dalí es un _____ muy conocido.
4 Pedro Almodóvar es un _____ español y sus películas son muy conocidas.
5 Julio Bocca es un fantástico _____ argentino que trabaja en los ballets más importantes del mundo.
6 Almudena Grandes es una _____ que ha escrito sobre la Guerra Civil española.
7 Shakira es una _____ muy conocida en todo el mundo.

veintinueve **29**

3

DESTREZAS

• Biografías: Pablo Alborán y Laura Gallego

Leer

1 Lee la biografía de Pablo Alborán y contesta a las preguntas.

Pablo Alborán nació el 31 de mayo de 1989 en Málaga (España). Su nombre es Pablo Moreno de Alborán y Fernándiz. Desde muy pequeño empezó a interesarse por la música, por lo que recibió clases de piano, guitarra y canto.

A los doce años compuso sus dos primeras canciones «Amor de barrio» y «Desencuentros», pero Pablo empezó a ser conocido por el público cuando colgó vídeos de sus canciones en YouTube.

El 1 de febrero de 2011 salió a la venta su primer disco *Pablo Alborán*, convirtiéndose en un gran éxito. Ese mismo año, comenzó su primera gira en Madrid y durante los meses siguientes recorrió la mayor parte de la geografía española y varios países latinoamericanos. En noviembre, publicó su segundo disco, *En acústico*.

Tanto, uno de los discos más vendidos en España, se editó en 2012 y consiguió tres discos de platino en la primera semana. En 2014, salió a la venta su disco *Terral*, con el que consiguió ocho discos de platino. En 2016 ganó un Premio Goya por su canción *Palmeras en la nieve*, banda sonora de la película con el mismo título. Un año después sacó a la venta su cuarto álbum de estudio, *Prometo*.

1 ¿Cuándo nació Pablo Alborán?

2 ¿Cuántos años tenía cuando compuso sus primeras canciones?

3 ¿Cuándo empezó a ser conocido Pablo Alborán?

4 ¿Cuál fue el título de su segundo disco?

5 ¿Qué disco fue el más vendido en España en 2012?

6 ¿Qué premio ganó con *Palmeras en la nieve*?

2 Elige la respuesta correcta.

1 Pablo Alborán compuso sus dos primeras canciones **con / después** doce años.
2 **Primero / Después** colgó vídeos de sus canciones en YouTube.
3 Dos años **después / hace** editó *Terral*.
4 **En / Con** 2011 salió a la venta su primer disco.

3 Usa el texto sobre Pablo Alborán para escribir la biografía de Laura Gallego. No te olvides de usar los conectores y el pretérito indefinido.

1977 – Nace en Valencia el 11 de octubre.

1988 – Empieza a escribir.

1995 – Comienza la carrera de Filología Hispánica en la Universidad de Valencia.

1999 – Gana el premio El Barco de Vapor con su decimocuarto libro, *Finis Mundi*.

2000 – Termina sus estudios de Filología y consigue la fama con su trilogía *Crónicas de la Torre*.

2004 – Se independiza y escribe su segunda trilogía, *Memorias de Idhún*.

2012 – Gana el Premio Nacional de Literatura Infantil y Juvenil y el Premio Cervantes Chico.

2019 – Publica *La misión de Rox*, el último libro de la trilogía *Guardianes de la ciudadela*.

En casa y en el colegio

VOCABULARIO

• Material de clase • Partes del colegio

1 Escribe el nombre de los siguientes objetos.

1 _____

2 _____

5 _____

6 _____

3 _____

4 _____

2 Completa las frases.

1 El _____ dura nueve meses.
2 ¿Puedes limpiar la pizarra, por favor?
   El _____ está encima de la mesa.
3 Mi lápiz no tiene punta. ¿Me prestas el _____, por favor?
4 En el _____ escribe con lápiz. Si te equivocas, lo puedes borrar.
5 Este profesor nos manda _____ para casa todos los días.

3 Completa el crucigrama y adivina cuál es la palabra que está escondida.

1 Nosotros sacamos libros prestados de la _____.
2 Cuando tenemos Matemáticas, nos quedamos en el _____.
3 Los profesores se reúnen en la _____ _____.
4 Los alumnos entregan el sobre de matrícula en _____.
5 A la hora del recreo los alumnos salimos al _____.
6 Los trabajos de Tecnología los hacemos en el _____.
7 La clase de Ciencias Naturales la damos en el _____.
8 La clase de Educación Física la damos en el _____.
9 Cuando hay una obra de teatro, la vemos en el _____.

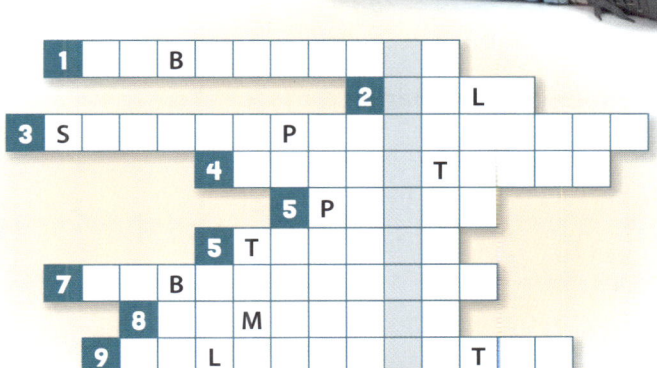

La palabra escondida es _____

GRAMÁTICA

• Pretérito imperfecto • Comparativos

1 Escribe el pretérito imperfecto de los verbos siguientes.

1 jugar / nosotros _____
2 vivir / él _____
3 ir / nosotros _____
4 saber / ellos _____
5 trabajar / ustedes _____
6 hacer / yo _____
7 dormir / ella _____
8 beber / tú _____
9 salir / usted _____

2 Completa las frases con el pretérito imperfecto de los siguientes verbos.

vivir • saber • ser (x2) • trabajar • dormir • comer • hacer • ir • tocar • beber • terminar

1 Mi hermano siempre _____ los deberes cuando _____ la merienda.
2 Antes mi madre _____ en un instituto en Fuenlabrada, pero ahora da clases en Valdemoro.
3 En el pueblo de Jesús antes _____ mucha gente.
4 ¿Tú _____ leer con tres años?
5 Andrea y Amanda _____ amigas en la guardería.
6 Mi abuela _____ un vaso de leche después de cenar.
7 Yo _____ diez horas cuando _____ pequeña.
8 ¿Vosotros antes _____ juntos a clase de tenis?
9 Nosotros siempre _____ paella los domingos.
10 Tú antes _____ la flauta con Pepe.

3 Completa el diálogo. Forma frases comparativas usando los adjetivos que están entre paréntesis.

ÁNGEL: Mañana es el cumpleaños de mi hermana y no estoy seguro de qué libro comprar: *Vigo es Vivaldi* o *Las luces de septiembre*. El primero tiene solo 190 páginas, por tanto es [1] _____ (**corto**) que el segundo.
MARTA: Pues tu hermana es [2] _____ (**lenta**) leyendo que tú, ¿por qué no compras *Vigo es Vivaldi*?
ÁNGEL: Ya, pero la historia de Vigo no parece [3] _____ (**misteriosa**) como la de *Luces de septiembre*, y a ella le gustan los libros de intriga.
MARTA: Tienes razón. ¿Este es [4] _____ (**barato**) que el otro?
ÁNGEL: Creo que sí, pero tendríamos que mirar en otra librería por si tienen [5] _____ (**bueno**) precio que aquí.
MARTA: ¿Vamos a la que está [6] _____ (**cerca**) del instituto?
ÁNGEL: Vale. Además allí el ambiente es [7] _____ (**ruidoso**) y el dueño es [8] _____ (**simpático**).

4 Escribe frases comparativas con las palabras, como en el ejemplo.

Comer fruta / sano / comer bollos   *Comer fruta es más sano que comer bollos.*

1 Esquiar / peligroso / nadar
2 Hacer deporte / bueno / jugar al ordenador
3 Pau Gasol / alto / Messi
4 Avril Lavigne / pequeña / Ricky Martin
5 La clase de Español / divertida / la clase de Ciencias Sociales
6 Escuchar música / interesante / ir de compras

5 Mira los dibujos y compara lo que se hacía antes y lo que se hace ahora, usando el pretérito imperfecto y el presente.

Antes *ellos iban en tren* y ahora *van en coche*. (ir / ellos)

1 Antes _____ y ahora _____. (tener / nosotros)

2 Antes _____ y ahora _____. (vivir / yo)

3 Antes _____ y ahora _____. (jugar / tú)

4 Antes _____ y ahora _____. (comer / él)

5 Antes _____ cartas y ahora _____ correos electrónicos. (escribir / vosotros)

6 Observa las fotografías y escribe frases comparativas usando los adjetivos entre paréntesis.

El Clio es más pequeño que el Ferrari. **(pequeño)**.

1 _____ **(rápido)**
2 _____ **(grande)**
3 _____ **(caro)**
4 Yo creo que _____ **(bueno)**
5 _____ **(lento)**
6 En mi opinión, _____ **(malo)**

FERRARI — Velocidad máxima: 350 km/h — Precio: 600 000 euros

CLIO — Velocidad máxima: 180 km/h — Precio: 12 000 €

7 Traduce las frases a tu idioma.

1 Penélope Cruz es mayor que Keira Knightley.

2 Rafa Nadal es mejor que Ferrer.

3 Brasil es más grande que España.

4 Avril Lavigne escribía canciones cuando tenía doce años.

5 Lara iba al colegio en autobús.

6 Leonardo da Vinci sabía mucho de ciencia, de arte, de arquitectura…

7 Mis abuelos trabajaban en el campo.

8 Antes me gustaba el *rock* y ahora me gusta el pop.

8 Escribe frases comparando los siguientes elementos y usando la forma comparativa de los adjetivos entre paréntesis.

Jugar al tenis / correr (aburrido) — *Correr es más aburrido que jugar al tenis.*

1 Mi hermano / yo (grande)
2 Keira Knightley / Jessica Alba (guapa)
3 Fernando Alonso / Massa (bueno)
4 Ver una película / leer un libro (emocionante)
5 Estudiar matemáticas / estudiar español (fácil)

9 Une las frases utilizando el comparativo de los adjetivos, como en el ejemplo.

María está disgustada. Paula está muy disgustada. — *Paula está más disgustada que María.*

1 Raquel está muy nerviosa. Ana no está tan nerviosa. — Ana
2 Javier es muy hablador. Blanca también es muy habladora.
3 Tu ordenador es bueno. El mío es muy bueno.
4 Andrea es muy tímida. Jorge es tímido. — Jorge

COMUNICACIÓN

• Pedir y expresar opinión • Expresar acuerdo y desacuerdo

1 Los alumnos del Instituto Villa de Leganés están haciendo un estudio de cómo era la escuela en tiempos de sus abuelos. Lee la entrevista que ha hecho Luis a su abuela Carmen y relaciona cada pregunta con su respuesta.

LUIS: Carmen, tú naciste en Rioseco, un pueblo de Valladolid, ¿podrías contarnos cómo era la escuela cuando tú eras pequeña?

CARMEN: Pues claro que sí. Estoy encantada de recordar esos tiempos. Tengo que decir que yo tuve mucha suerte de ir a la escuela, porque otros niños tenían que trabajar y ayudar a sus familias.

LUIS: [1] ¿_____?

CARMEN: No, había dos escuelas, una para los niños y otra para las niñas.

LUIS: [2] ¿_____?

CARMEN: Llevábamos una cartera y solo usábamos un libro que se llamaba la *Enciclopedia*.

LUIS: [3] ¿_____?

CARMEN: La Historia era mi favorita.

LUIS: [4] ¿_____?

CARMEN: Creo recordar que llevábamos babi (un vestido para no mancharnos).

LUIS: [5] ¿_____?

CARMEN: No. No teníamos ni calculadora.

LUIS: [6] ¿_____?

CARMEN: Los chicos jugaban a las canicas y las chicas a la cuerda. Luego hacíamos los deberes.

LUIS: [7] ¿_____?

CARMEN: Creo que no se lee suficiente. Hay que quitar horas a la televisión y al ordenador y dedicarlo a la lectura.

- ¿Teníais ordenadores en el aula?
- ¿Qué hacíais después del colegio?
- ¿Cuál era tu asignatura favorita?
- ¿Los niños y las niñas estaban juntos en la misma clase?
- ¿Estás de acuerdo con que los adolescentes deben leer más?
- ¿Llevabais mochila al colegio?
- ¿Teníais que llevar uniforme?

2 Escucha y corrige tus respuestas.

3 Busca dentro de la clase a alguien que de pequeño…

1. jugaba en el parque.
2. llevaba uniforme en el colegio.
3. le gustaba leer.
4. practicaba un deporte tres veces a la semana.
5. no hacía los deberes.
6. leía mucho.

4

COMUNICACIÓN Y VOCABULARIO
• Países, nacionalidades e idiomas

1 Mira las banderas. Escribe los países, las nacionalidades y los idiomas.

1
Capital: Washington D. C.
País: _____
Nacionalidad: _____
Idioma: _____

4
Capital: Quito
País: _____
Nacionalidad: _____
Idioma: _____

2
Capital: Bucarest
País: _____
Nacionalidad: _____
Idioma: _____

5
Capital: Tokio
País: _____
Nacionalidad: _____
Idioma: _____

3
Capital: Brasilia
País: _____
Nacionalidad: _____
Idioma: _____

6
Capital: París
País: _____
Nacionalidad: _____
Idioma: _____

2 ¿Qué país visitarías para encontrar alguna de las antiguas y nuevas maravillas del mundo?

Brasil • Italia • Jordania • España • China • India • Perú • Grecia • Egipto • Chile

1 Las Pirámides   2 Machu Picchu   3 La Gran Muralla   4 El Coliseo   5 El Cristo Redentor

6 El Taj Mahal   7 El Partenón   8 Petra   9 La Isla de Pascua   10 La Alhambra

3 Rodea con un círculo la palabra correcta.

1 Varsovia es la capital de **Polonia / polaca**.
2 El cuscús es una comida típica de **marroquí / Marruecos**.
3 Múnich es una ciudad **Alemania / alemana**.
4 Los canguros son de **australianos / Australia**.
5 El flamenco se baila en **España / español**.
6 El sushi es una comida **Japón / japonesa**.
7 **Argentina / argentino** está en América del Sur.
8 Nelson Mandela era **Sudáfrica / sudafricano**.

4 Completa las frases con países, nacionalidades o idiomas.

1 Christopher es de Manchester. Él es _____ y habla _____.
2 Ellos viven en Casablanca. Ellos son _____ y hablan _____.
3 Yo soy de Zagreb, pero vivo en Ucrania. Yo hablo _____ y _____.
4 Nosotros vivimos en Lisboa, en _____, y hablamos _____. Mis abuelos también hablan _____ porque son de Roma.
5 Mao vive en Pekín. Su país es _____ y habla _____.

DESTREZAS

• La educación en las escuelas

Leer

1 Lee los textos y únelos con la foto correspondiente.

a   b   c

María   1 ☐

«Yo por las mañanas estudio en el Real Conservatorio de Danza. Tenemos clases de Danza Clásica, Española y Música. Por la tarde voy al instituto y estudio las mismas asignaturas que los demás alumnos, excepto Música. Tengo catorce años y ya he bailado en el Teatro de Valladolid. Creo que soy mejor en Danza Clásica que en Danza Española».

Irene   2 ☐

«Cuando teníamos diez años, Elena y yo ya íbamos al Conservatorio de Música todas las tardes de lunes a viernes y estudiábamos tres horas. Ahora Elena toca la guitarra española y yo el violín. Como son dos instrumentos difíciles, también tenemos que practicar los fines de semana».

Gema   3 ☐

«Yo estudio por las mañanas en un colegio, y los lunes, miércoles y viernes por la tarde voy a la Escuela de Fútbol del Barcelona a entrenar durante dos horas. Los sábados por la mañana juego un partido contra otros equipos. Mi sueño es jugar algún día en el primer equipo del Barcelona».

2 Lee los textos de nuevo y contesta a las preguntas.

1. ¿Qué asignatura no estudia María en el instituto? _____
2. ¿Qué tipo de danza prefiere María? _____
3. ¿Cuántos años tenía Irene cuando iba al Conservatorio de Música? _____
4. ¿Quién toca el violín? _____
5. ¿Con qué frecuencia entrena Gema? _____
6. ¿Qué hace Gema los sábados por la mañana? _____

3 ¿Cuál de las tres escuelas prefieres? ¿Por qué?

El tráfico en mi ciudad

VOCABULARIO

• Medios de transporte   • Señales de tráfico

1 Completa el crucigrama.

1 
2 
3 
4 
5 
6 
7 
8

2 Completa las frases con un medio de transporte.

1 Los aviones son más rápidos que _____.
2 La moto es más ruidosa que _____.
3 El coche contamina más que _____.
4 En el metro pueden viajar más personas que _____.
5 El taxi es más cómodo que _____.
6 El tranvía es más seguro que _____.

3 Mira el dibujo y completa las etiquetas con estas palabras.

| puente • semáforo • peatón • acera |
| paso de cebra • señal de tráfico |

1 _____ 2 _____ 3 _____
4 _____ 5 _____ 6 _____

4 Completa las frases con las palabras del ejercicio anterior. Utiliza el plural, si es necesario.

1 El _____ anda por la _____.
2 No puedes cruzar con el _____ en rojo.
3 Los coches tienen que ceder el paso a los peatones en el _____.
4 Muchas _____ son internacionales.
5 En mi ciudad hay cinco _____ que cruzan el río.

GRAMÁTICA

• Imperativo   • Hay / Está / Están

1 Completa con el imperativo de los siguientes verbos.

| no poner • escribir • comprar • no decir • cerrar |
| no ir • hacer • no venir • salir • no beber |

1 _____ más tarde de las diez de la noche. (tú)
2 _____ la cama antes de ir al instituto. (tú)
3 _____ por la puerta de atrás, por favor. (usted)
4 _____ tan deprisa, se puede caer. (usted)
5 _____ los pies encima de la mesa. (tú)
6 _____ su número de teléfono en esta ficha. (usted)
7 _____ tonterías que no te creemos. (tú)
8 _____ la ventana, por favor. (usted)
9 _____ el agua tan fría. (tú)
10 _____ el pan cuando salgas del colegio. (tú)

2 Mira las fotos y usa el imperativo afirmativo y negativo de los siguientes verbos.

| usar (x2) • hablar • cruzar (x2) • respetar |

1 (usted) _____ 2 (usted) _____ 3 (usted) _____

4 (tú) _____ 5 (tú) _____ 6 (tú) _____

3 Ordena las palabras y forma preguntas.

1 ¿ / estudiantes / hay / en / cuántos / tu / clase / ?
_____

2 ¿ / calle / hay / bancos / tu / en / ?
_____

3 ¿ / ventanas / en / clase / hay / cuántas / tu / ?
_____

4 ¿ / tu / televisiones / casa / en / hay / cuántas / ?
_____

5 ¿ / mucho / en / tráfico / ciudad / tu / hay / ?
_____

6 ¿ / parques / barrio / cuántos / hay / tu / en / ?
_____

Ahora contesta a las preguntas anteriores.

1 _____
2 _____
3 _____
4 _____
5 _____
6 _____

4 Completa las frases con *hay / está / están*.

1 _____ mucho tráfico en Madrid y la ciudad _____ muy contaminada.

2 • ¿Dónde _____ una biblioteca?
  ■ La más cercana _____ al lado del instituto.

3 • ¿Qué _____ en tu mochila?
  ■ _____ mis libros y mis pinturas.

4 • ¿Dónde _____ mi móvil?
  ■ _____ uno encima de la cama.

5 • ¿_____ un restaurante por aquí cerca?
  ■ _____ uno al final de la calle.

6 • ¿_____ tus amigos en el parque?
  ■ No, no _____ nadie allí.

7 • ¿_____ la moto de Antonio en el garaje?
  ■ Creo que sí. _____ una moto azul y un coche.

8 En mi calle _____ una parada de autobús. _____ junto al paso de cebra.

9 En mi instituto _____ muchos ordenadores. _____ en la sala de Informática.

10 Voy a dar una vuelta en bici. Por favor, tráeme el casco. _____ en mi habitación, encima de la cama.

5 **Traduce las frases a tu idioma.**

1 Hay muchos niños en la plaza.

2 La librería está al final de la calle.

3 Haz los deberes todos los días.

4 No salgas de casa sin el móvil.

5 Llévate el casco para la bicicleta.

6 ¿Dónde están mis fotos?

7 En esta avenida no hay semáforos.

8 Cruza por el paso de cebra.

6 **Mira los dos dibujos y describe lo que ves en cada uno de ellos.**

COMUNICACIÓN

• Mapas • Pedir y dar instrucciones para ir a un lugar

1 Mira el mapa. Di si las siguientes frases son verdaderas (V) o falsas (F).

1. ☐ La Plaza de Cataluña está entre el Paseo de Gracia y La Rambla.
2. ☐ La Casa Batlló está al lado de la Casa Amatller.
3. ☐ El Museo Textil está enfrente del Museo Picasso.
4. ☐ La Casa Milá está cerca de la Catedral.
5. ☐ El Palau de la Música está en la Plaza Nova.

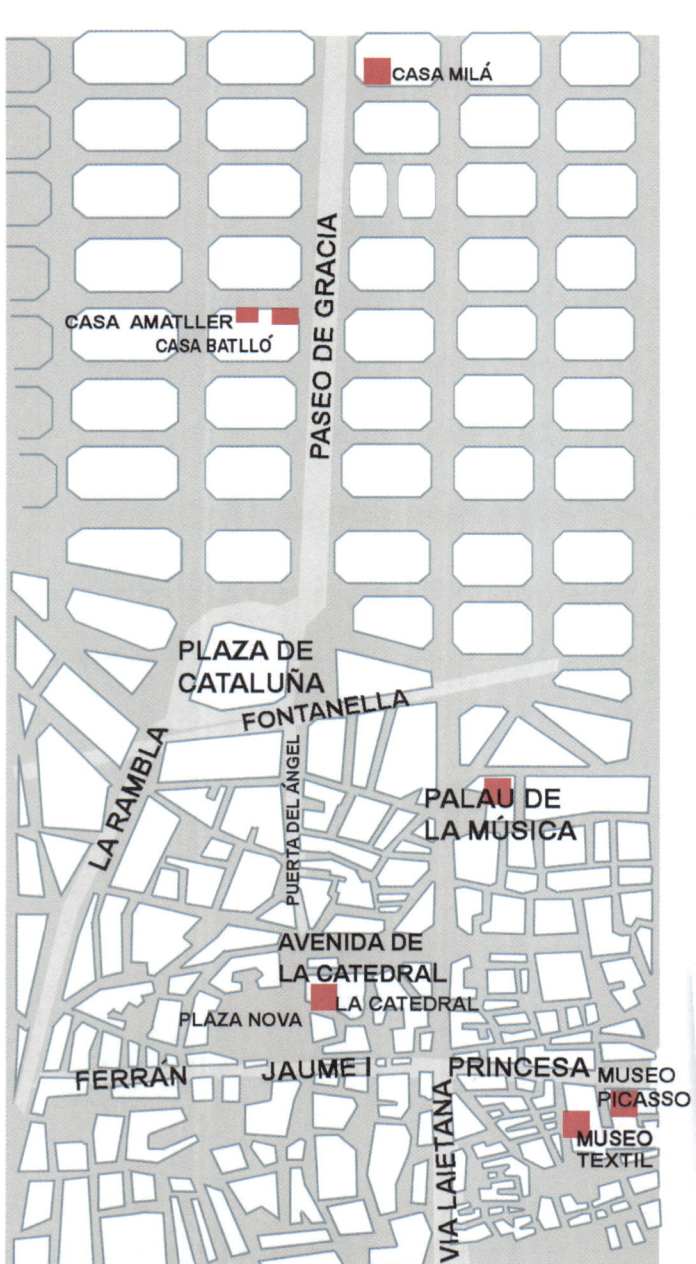

2 Relaciona las señales con las instrucciones.

a ☐ Sigue todo recto
b ☐ No gires a la izquierda
c ☐ No gires a la derecha

3 🎧 Escucha el siguiente diálogo. ¿Dónde quiere ir Manuel?

4 🎧 Escucha de nuevo y completa el diálogo con las siguientes palabras.

> cerca • izquierda • Rambla • Nova • Catedral (x2)
> al lado • Cataluña • todo recto

MANUEL: Perdone, ¿es esta la Plaza de [1] _____ ?
SEÑORA: Sí, es esta.
MANUEL: ¿Puede decirme cómo se va a la [2] _____ ?
SEÑORA: Sí, por supuesto. Está muy [3] _____. Baja por La [4] _____, coge la cuarta calle a mano [5] _____, sigue [6] _____ hasta llegar a la Plaza [7] _____. La [8] _____ está justo [9] _____.
MANUEL: Muchas gracias.

5 Practica el diálogo del ejercicio 4.

6 Imagina que estás en la Plaza de Cataluña. Prepara un diálogo con tu compañero para ir al Palau de la Música. Usa como modelo el diálogo del ejercicio 4 (e intenta aprenderlo de memoria) y represéntalo.

Plaza de Cataluña

Palau de la Música

COMUNICACIÓN Y VOCABULARIO

• Viajar

1 Encuentra ocho palabras relacionadas con el turismo en la siguiente sopa de letras.

I	V	E	F	Ñ	N	J	Z	F	F	B	W
Z	C	K	X	A	R	P	S	C	T	Ñ	Y
E	H	E	J	C	E	E	T	X	R	M	K
E	Z	T	A	N	U	N	Ñ	U	E	F	C
N	E	R	L	I	X	R	F	X	N	Y	R
T	J	O	B	X	X	E	S	Y	G	F	G
R	A	P	E	A	U	C	W	I	V	G	B
A	P	A	R	V	E	Z	U	Z	Ó	I	Z
D	I	S	G	I	O	C	R	A	B	N	H
A	U	A	U	Ó	Q	S	C	L	W	K	G
S	Q	P	E	N	Z	F	D	K	G	Q	P
F	E	T	V	E	T	C	R	I	U	K	N

2 Completa las palabras que faltan.

1. Ayer fuimos de
   e_____
   a la montaña.
2. Le vamos a regalar a mis
   abuelos un v_____
   o_____
   por Europa.
3. Las navidades pasadas estuvimos en un h_____
   muy bonito en el centro de Viena.
4. Me encantó el g_____ t_____
   que tuvimos durante nuestras vacaciones en Tailandia.
5. Anoche compré los billetes del t_____ por internet.
   Estaban más baratos.
6. Las e_____ para el partido de fútbol son
   muy caras.
7. Los amigos de mi hermano Alejandro están organizando
   una v_____ t_____ por
   los tejados de la catedral de Santiago.
8. Tengo que hacerme una foto para el
   p_____. Nos vamos a Toronto.

3 Completa el diálogo con las siguientes palabras.

> entradas • equipaje • avión • pasaporte
> albergue • tren • excursión • hoteles

FÁTIMA: ¿Por qué no vamos a Roma estas vacaciones?
ROCÍO: Me parece muy buena idea. Podríamos ir en
   [1] _____.
FÁTIMA: Vale. Yo me encargo de reservar los vuelos.
ROCÍO: Yo creo que deberíamos alojarnos en algún
   [2] _____ que esté en el centro de la ciudad,
   porque los [3] _____ son muy caros.
FÁTIMA: No podemos dejar de visitar los Museos Vaticanos,
   mi hermano estuvo el año pasado y dice que merecen
   la pena, pero que es necesario reservar las
   [4] _____ por internet, para evitar las colas.
ROCÍO: A mí también me gustaría hacer una
   [5] _____ a Pompeya, me han dicho
   que no está muy lejos de Roma. Se puede ir en
   [6] _____.
FÁTIMA: ¿Sabes si vamos a necesitar el [7] _____?
ROCÍO: No, como somos de la Unión Europea, no hace falta,
   con el documento de identidad es suficiente. ¡Ah!, no te
   olvides de llevar solo [8] _____ de mano, así
   nos saldrá más barato el billete.
FÁTIMA: Por otra parte, tampoco tenemos que comprar una
   guía de Roma porque mi hermano nos deja la suya.
ROCÍO: ¡Fenomenal! Voy a comentárselo a Laura y a
   Carmina por si se apuntan.

5 DESTREZAS

• Sevilla esencial   • Además / También / Y   • Escribe un correo electrónico

Leer

1 Lee el texto y relaciona las imágenes con los puntos más significativos de la ciudad.

SEVILLA esencial

1 La Giralda ☐

Símbolo universal de Sevilla y antigua mezquita. Los califas almohades la mandaron construir a finales del siglo XII.

2 Torre del Oro ☐

Está enfrente del barrio de Triana. Desde ahí los almohades vigilaban la zona del puerto del Guadalquivir.

3 Parque de María Luisa ☐

La infanta María Luisa, hija de Fernando VII, donó este inmenso jardín romántico a finales del siglo XIX.

4 Noche flamenca ☐

En Sevilla hay muchos «tablaos» de flamenco. Los dos más famosos son Los Gallos y El Patio Sevillano.

5 De tapas por Sevilla ☐

En las calles que están cerca de la Catedral hay muchos bares que sirven tapas de conservas, montaditos, pescado frito y gazpacho.

2 Lee el texto de nuevo y contesta a las preguntas.

1 ¿Cuál es el símbolo de Sevilla?

2 ¿Quién donó un inmenso jardín a la ciudad?

3 ¿Qué monumento está enfrente del barrio de Triana?

4 ¿Cuáles son los tablaos más famosos?

5 ¿Dónde hay muchos bares?

6 ¿Qué puedes comer en los bares?

Escribir

3 Escribe un correo electrónico a la página web «El viajero» de la revista *Adolescentes*, informando sobre los lugares y cosas más interesantes de tu ciudad. No te olvides de poner: nombre, edad, ciudad, monumentos, sitios interesantes y atracciones.

¿Qué te pasa?

VOCABULARIO

• *Estar* + adjetivos de ánimo • *Tener* + *sed / hambre*… • *Me duele(n)* + *la cabeza / los pies*…

1 Mira los dibujos e indica cómo se siente el personaje que encontraste al principio de la unidad. Si lo necesitas, mira las siguientes palabras o expresiones.

- de mal humor
- preocupado
- enamorado
- cansado
- nervioso
- tranquilo
- de buen humor

2 ¿Cómo crees que se siente la gente en estas situaciones? Usa las palabras del ejercicio 1 para completar las frases.

1. Antonio es un niño muy _____, nunca se mete en problemas.
2. Rocío ha corrido 6 km. Ella está _____.
3. Belén salió de casa a las siete de la tarde y son las once de la noche. Ella generalmente vuelve a las diez. Sus padres están _____.
4. Hoy la profesora de Español nos hace un examen oral y estoy _____.
5. Fernando entregó una carta de amor a Gabriela. Él está _____.
6. Hoy hace sol y es domingo, estoy _____.
7. • ¿Qué te pasa? ¿Estás _____?
   ▪ ¡Es que quiero ir a la playa y está lloviendo!

3 Ordena las letras y forma palabras que se refieren a estados de ánimo y a problemas de salud. Tradúcelas a tu idioma.

1. befrei = _____ ; _____.
2. erold al baezac = _____ ; _____.
3. drelo al aspelda = _____ ; _____.
4. rledo osl ispe = _____ ; _____.
5. ost = _____ ; _____.
6. nerte mehbar = _____ ; _____.
7. ertne orfi = _____ ; _____.
8. lorde al ratnagag = _____ ; _____.

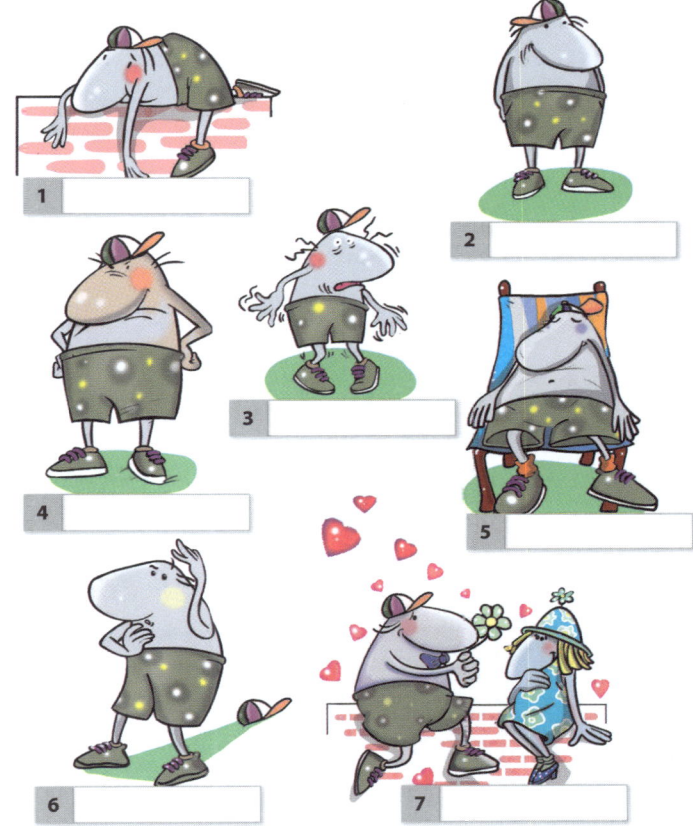

4 Completa las frases con la forma correcta de *doler* y *tener*.

1. Mi hermano cenó comida muy picante y hoy _____ el estómago.
2. Cuando tenemos gripe, _____ la cabeza.
3. En verano yo _____ calor por la noche y duermo con la ventana abierta.
4. Voy a cerrar la ventana porque _____ frío.
5. Hemos caminado más de dos horas y _____ los pies.
6. Jorge toma muchos helados y luego _____ la garganta.
7. Hoy no puedo ir al colegio porque _____ fiebre.
8. Cuando llevo la mochila durante mucho tiempo, _____ la espalda.

cuarenta y cinco **45**

GRAMÁTICA

• Pretérito perfecto • Verbos reflexivos

1 Completa el texto con la forma correcta del pretérito perfecto.

Rosa Martín [1] _____ (hacer) un montón de cosas peligrosas en su vida. Rosa y sus amigos [2] _____ (escalar) las montañas del Himalaya. Ellos [3] _____ (correr) en muchas carreras. Rosa [4] _____ (nadar) en el mar rodeada de tiburones y [5] _____ (cruzar) el desierto en moto. También ella [6] _____ (ayudar) a muchos animales en sus viajes a África. [7] _____ (escribir) un libro contando sus aventuras. Pero Rosa nunca [8] _____ (montar) en avión, porque odia volar.

2 Mira los dibujos y escribe frases diciendo lo que la gente ha hecho o no ha hecho. Usa la forma del pretérito perfecto de los verbos.

❶ Ganar una competición.

Sara y Rubén | Miguel

Miguel ha ganado una competición.
Sara y Rubén no han ganado una competición.

❷ Correr una carrera de 10 km.

Sara y Rubén | Miguel

❸ Nadar en el océano Atlántico.

Sara y Rubén | Miguel

❹ Montar en bicicleta.

Sara y Rubén | Miguel

❺ Hacer judo.

Sara y Rubén | Miguel

❻ Volar en helicóptero.

Sara y Rubén | Miguel

3 Ordena las frases.

1. ha / madre / conmigo / mi / enfadado / se

2. caído / se / ha / pero / hecho / no / daño / se / ha / Raquel

3. sol / buen / me / humor / el / de / pone

4. zapatos / se / Alicia / tacón / los / ha / de / puesto

5. se / Andrés / esta / dormido / ha / mañana

6. Lisboa / se / casado / mi / ha / en / hermana

7. se / niños / todas / comido / los / fresas / han / las

8. muy / despertado / me / hoy / he / temprano

4 Completa el texto con el pretérito perfecto de los verbos entre paréntesis.

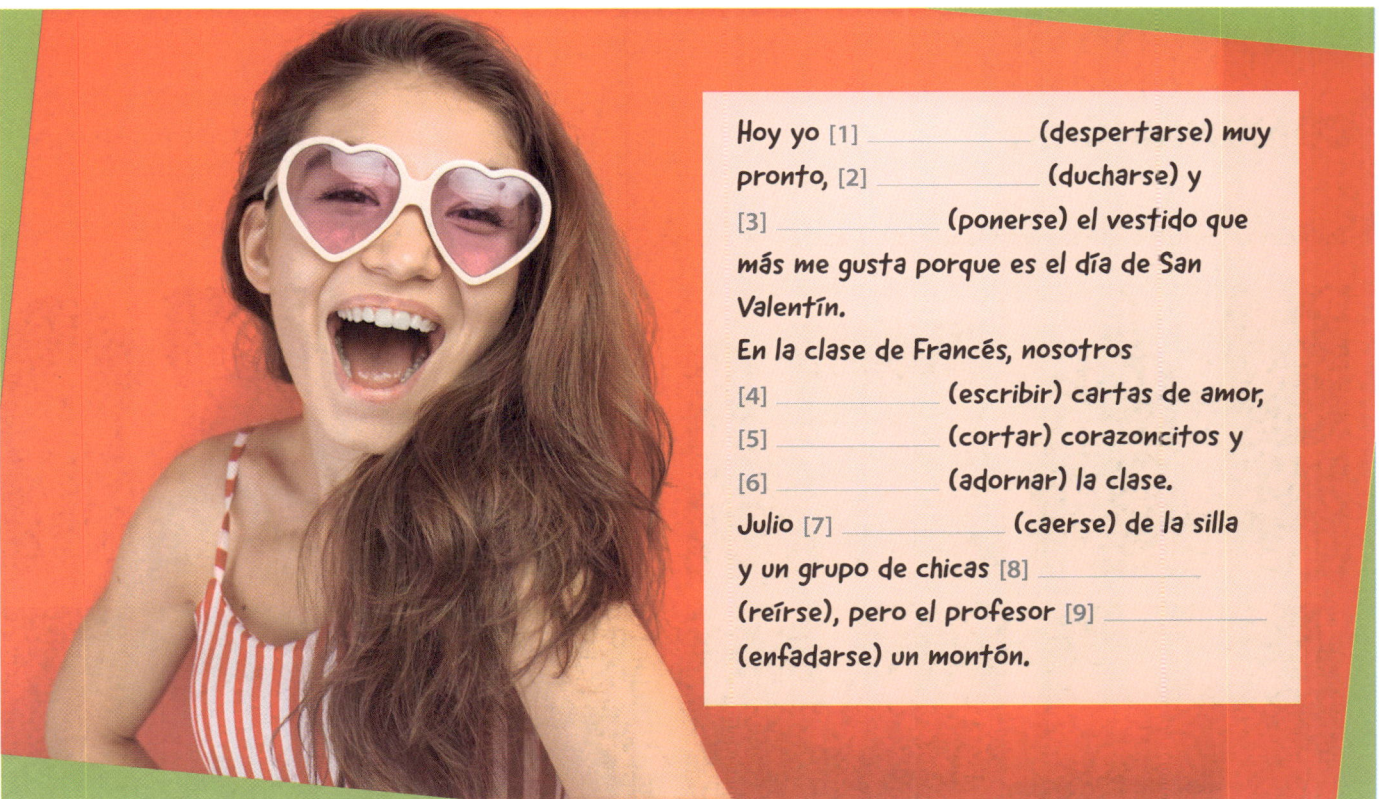

Hoy yo [1] _____ (despertarse) muy pronto, [2] _____ (ducharse) y [3] _____ (ponerse) el vestido que más me gusta porque es el día de San Valentín.
En la clase de Francés, nosotros [4] _____ (escribir) cartas de amor, [5] _____ (cortar) corazoncitos y [6] _____ (adornar) la clase.
Julio [7] _____ (caerse) de la silla y un grupo de chicas [8] _____ (reírse), pero el profesor [9] _____ (enfadarse) un montón.

5 Traduce las frases a tu idioma.

1. Yo nunca he hablado con un famoso.

2. ¿Has comido tres piezas de fruta hoy?

3. Juan ha enviado un correo electrónico a Elena.

4. ¿Te has divertido en la fiesta de carnaval?

5. Mis amigos han participado en la maratón.

6. Julia ha tenido fiebre y dolor de garganta.

7. Me he disfrazado de pirata.

8. María y Alba se han levantado a las seis de la mañana.

6 Escribe preguntas usando el pretérito perfecto y contesta a las preguntas.

¿tú / perder el autobús escolar hoy? → ¿Has perdido el autobús escolar hoy? → No, no lo he perdido.

1 ¿tú / estar en algún programa de televisión?
- _____
- _____

2 ¿tú / ver alguna película de Penélope Cruz?
- _____
- _____

3 ¿tu profesor / escribir un blog?
- _____
- _____

4 ¿tus amigos y tú / hablar con un actor?
- _____
- _____

5 ¿Javier Bardem y Penélope Cruz / trabajar juntos en alguna película?
- _____
- _____

6 ¿tu madre / estudiar español?
- _____
- _____

COMUNICACIÓN

• Hablar de la adolescencia y la salud

1 Relaciona las fotos con las actividades que aparecen debajo.

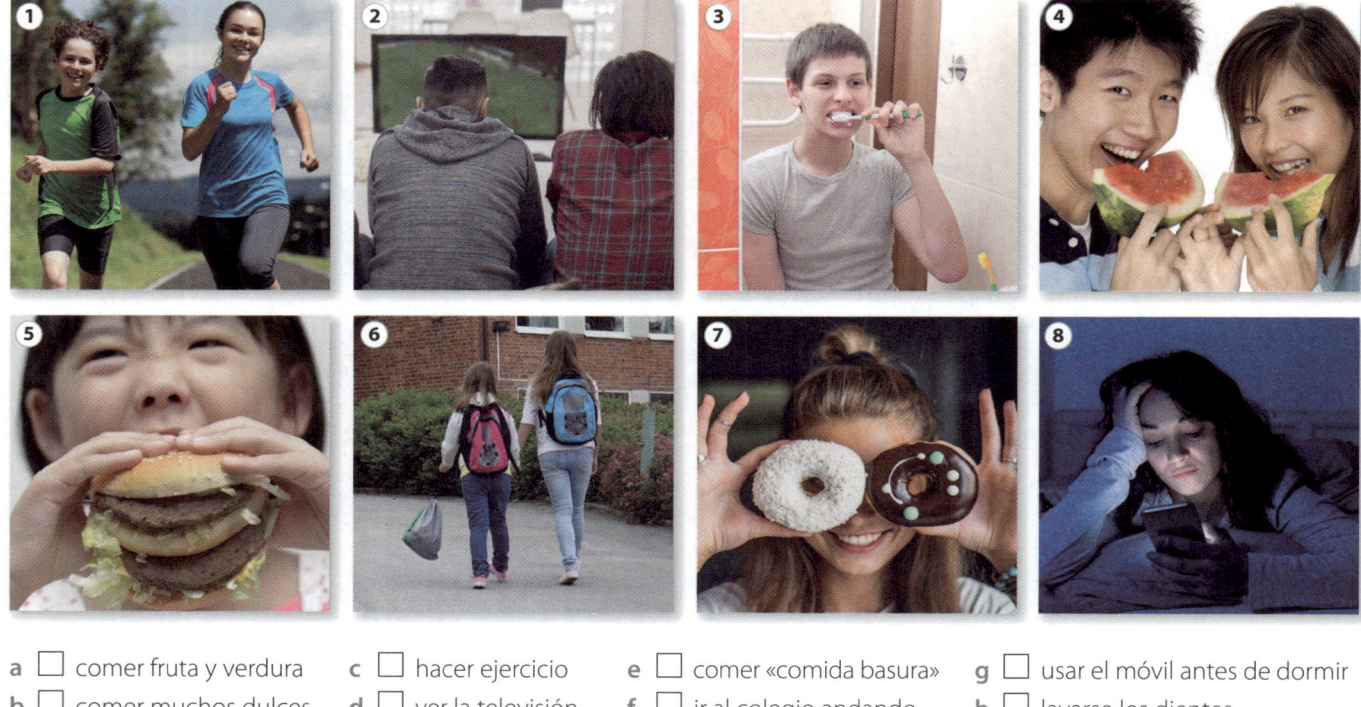

a ☐ comer fruta y verdura
b ☐ comer muchos dulces
c ☐ hacer ejercicio
d ☐ ver la televisión
e ☐ comer «comida basura»
f ☐ ir al colegio andando
g ☐ usar el móvil antes de dormir
h ☐ lavarse los dientes

2 Pon las actividades del ejercicio 1 en el lugar correcto.

Saludable	
No saludable	

48 cuarenta y ocho

3 Los alumnos del Instituto Los Almendros, de Santander, están haciendo una encuesta para la revista del instituto sobre hábitos saludables. Primero responde tú a las preguntas y luego pregunta a tu compañero. ¿Quién lleva una vida más sana?

1. ¿Desayunas antes de ir al colegio?
   Yo:
   Mi compañero:
2. ¿Qué tomas en el desayuno?
   Yo:
   Mi compañero:
3. ¿Tomas fruta y verdura fresca todos los días?
   Yo:
   Mi compañero:
4. ¿Haces ejercicio tres veces a la semana?
   Yo:
   Mi compañero:
5. ¿Qué deporte practicas?
   Yo:
   Mi compañero:
6. ¿Cómo vas al instituto?
   Yo:
   Mi compañero:
7. ¿Cuántas veces al día te lavas los dientes?
   Yo:
   Mi compañero:
8. ¿Cuántas horas duermes?
   Yo:
   Mi compañero:
9. ¿Usas el móvil antes de dormir?
   Yo:
   Mi compañero:
10. ¿Comes muchos dulces?
    Yo:
    Mi compañero:

COMUNICACIÓN Y VOCABULARIO

- ¡Cuídate!

1 Completa el crucigrama.

Vertical
1. Desacuerdos.
3. Apariencia física.
5. Alguien que no come carne.
6. Tipo de comida habitual.
7. Cuando una persona persigue o molesta constantemente a otra.

Horizontal
2. Cansancio mental por el exceso de trabajo.
4. Lo contrario de enfermedad.
8. Trato o unión que hay entre dos o más personas.
9. Exceso de peso, gordura.

2 Escribe las siguientes frases o palabras en la columna correcta.

> ir al gimnasio • comer fruta y verdura • hablar con los padres
> dormir suficiente • hacer ejercicio • pasear
> relacionarse con los amigos • preocuparse por la imagen

Hábitos saludables	Vida social

6

3 Completa el texto con las siguientes palabras.

> proteínas • practico deporte • dieta • fruta y verdura
> estresada • discuto • hago ejercicio • vida social • vegetariana

Yo creo que tengo una [1] _____ sana. Soy [2] _____ y como mucha [3] _____, pero mis padres me dicen que no tomo suficientes [4] _____. En el instituto [5] _____ dos veces a la semana. Me gusta mucho el baloncesto y algunos sábados juego un partido con mis amigos del barrio. Los domingos también [6] _____, salgo a correr con mi hermano por el parque o doy una vuelta con la bici. Cuando tengo muchos exámenes, no tengo [7] _____, me paso todas las tardes estudiando y como estoy muy [8] _____, a veces [9] _____ con mis padres por cosas sin importancia.

4 Contesta a las siguientes preguntas sobre tu estilo de vida.

1 ¿Cuántas piezas de fruta comes al día?

2 ¿Come suficientes proteínas?

3 ¿Cuántos deportes practicas?

4 ¿Cómo vas al colegio?

5 ¿Qué haces cuando estás estresado/-a?

6 ¿Qué haces en tu tiempo libre?

DESTREZAS

• Cross • Entrevista a la presidenta del club de fans de Rafa Nadal

Leer

1 El Instituto Villa de Valdemoro, celebra todos los años un *cross* donde participan alumnos y profesores. Lee la entrevista que uno de los alumnos ha hecho a Alberto Sánchez, profesor de Educación Física y organizador del *cross*.

Inés: ¿Cómo y de quién surgió la idea de hacer el *cross* todos los años?
Alberto: La idea surgió en 1993. Ese año estaba estudiando en el centro el atleta Jesús España y, motivados por su presencia, un profesor de Literatura y un profesor de Biología diseñaron un circuito y promovieron la participación de todos.
Inés: ¿Cuáles son las distancias aplicadas a cada categoría?
Alberto: Para los pequeños, de 1.º y 2.º de ESO, 2000 metros. Para los mayores, de 3.º de ESO en adelante, 5000 metros.
Inés: ¿Qué se pretende al llevar a cabo esta actividad?
Alberto: Se pretende fomentar el deporte y la participación de los alumnos.
Inés: El número de participantes ¿aumenta o disminuye cada año?
Alberto: La cifra suele estar entre 200 y 500. Este año han participado 456.
Inés: ¿Ha habido algún incidente grave algún año: caídas, lesiones…?
Alberto: No suele haber incidentes graves porque la ambulancia recorre el camino con los participantes.

2 Lee de nuevo el texto anterior y contesta a las preguntas.

1 ¿Cuándo surgió la idea del *cross*?

2 ¿Qué atleta estaba estudiando ese año en el centro?

3 ¿Quiénes organizaron el primer circuito?

4 ¿Cuántos metros recorren los de 1.º y 2.º de ESO?

5 ¿Qué se pretende con la actividad?

6 ¿Cuántos participantes han corrido este año?

7 ¿Ha habido algún incidente grave algún año? ¿Por qué?

Escuchar

3 Escucha la entrevista con Teresa García, la presidenta del club de fans de Rafa Nadal. Contesta a las siguientes preguntas.

1 ¿Cuántos campeonatos de Roland Garros ha ganado Rafael Nadal?

2 ¿Cuántos años tenía cuando ganó la Copa Davis?

3 ¿Ha hecho algún anuncio?

4 ¿Cuáles son sus aficiones?

4 Escucha de nuevo la entrevista y elige la respuesta correcta.

1 Él **ha hecho / no ha hecho** una película.
2 Él ha hecho un anuncio con **Pau Gasol / Dani Pedrosa**.
3 Rafa es una persona **sencilla / infantil**.
4 Una de sus aficiones es **pescar / internet**.

Escribir

5 Escribe un breve texto sobre tu estilo de vida. Divídelo en tres párrafos.

Primer párrafo: dieta	**Segundo párrafo: deportes**	**Tercer párrafo: vida social**

¿A quién se parece? 7

VOCABULARIO

• Descripción de personas: físico y carácter   • *Ser / Estar*

1 Escribe el contrario de los siguientes adjetivos.

1. simpático _____
2. tranquilo _____
3. pesimista _____
4. alegre _____
5. perezoso _____
6. educado _____
7. divertido _____
8. tímido _____

2 Relaciona las definiciones con los siguientes adjetivos.

| tranquila • divertida • ordenada • activa • tímida • simpática • optimista • alegre

1. Una persona que tiene mucha energía. _____
2. Una persona que siempre está contenta. _____
3. Una persona que es agradable con la gente. _____
4. Una persona que no se pone nerviosa. _____
5. Una persona graciosa y animada. _____
6. Una persona que siempre ve el lado positivo de las cosas. _____
7. Una persona que es organizada y tiene las cosas en su sitio. _____
8. Una persona que habla o se relaciona poco con los demás. _____

3 Completa las frases con los siguientes adjetivos.

| aburrido/-a • tranquilo/-a • alegre
activo/-a • nervioso/-a • antipático/-a
triste • divertido/-a • perezoso/-a • tímido/-a

1. Mi hermano está siempre contento: es una persona a_____. Pero mi hermana nunca sonríe: ella siempre está t_____.
2. Eva no para de hacer cosas: ella es muy a_____. A Carlos le encanta estar en la cama: él es p_____.
3. Andrea no es muy amable, es un poco a_____.
4. Cuando yo estoy con gente que no conozco, soy t_____.
5. Manuel siempre quiere estar en casa y no sale con los amigos, es un a_____. Sin embargo, su primo Juan siempre está de fiesta, él es más d_____.
6. Aunque soy una persona t_____, los exámenes me ponen n_____.

4 Escoge la forma correcta de *ser* o *estar* + adjetivo.

1. Hoy **estoy / soy** muy alegre porque voy al parque de atracciones.
2. Mi amiga Marta **está / es** una chica muy alegre, siempre se está riendo.
3. La profesora de Español **está / es** una persona muy divertida, siempre **está / es** de buen humor.
4. Mi primo Alberto **es / está** un niño muy nervioso, nunca se está quieto; pero cuando ve la televisión **es / está** más tranquilo.
5. Hoy **estamos / somos** aburridos porque no podemos jugar.
6. ¿**Eres / Estás** triste porque ha perdido el Real Madrid?
7. Los amigos de mi hermano **son / están** muy antipáticos, nunca me saludan.
8. Vosotros **sois / estáis** muy perezosos hoy, no queréis ayudar a limpiar la casa.

GRAMÁTICA

• Pronombres de objeto indirecto

1 Completa las frases con los pronombres de objeto indirecto *(me, te, se, le, nos, os, les)*.

1. Mis padres _____ regalaron un móvil el día de mi cumpleaños.
2. Tenemos un examen de español y Marina _____ está ayudando a Sandra y a mí.
3. ¿A vosotros _____ han dado las notas?
4. Mario y David ganaron la carrera. El director _____ entregó una medalla.
5. A Luisa _____ van a comprar un ordenador nuevo.
6. El coche de mi padre estaba estropeado. La grúa _____ lo llevó.
7. ¿_____ ha dicho Luis que no va al concierto? (a ti)
8. La noche de Halloween, Pedro _____ contó una historia de miedo. No pudimos dormir.

2 Usa un pronombre de objeto indirecto, como en el ejemplo.

Voy a comprar un libro. (a Irene)
Le voy a comprar un libro.

1. Mi abuela hace la comida. (a nosotros)
2. Quiero regalar unas flores. (a mis padres)
3. Juan ha preparado una sorpresa. (a mí)
4. El profesor enseña Inglés. (a vosotros)
5. Amanda ha prestado tres euros. (a ti)
6. El padre de Inés pagó los bocadillos. (a nosotros)
7. He mandado un wasap con la información del viaje. (a vosotros)

3 Contesta como en el ejemplo.

• ¿Le has traído la película a Paloma?
▪ *Sí, ya se la he traído.*

1. • ¿Le has dado el justificante a la profesora?
2. • ¿Nos han enseñado el examen de Matemáticas?
3. • ¿Os han dado la autorización para ir a la excursión?
4. • ¿Les has llevado los diccionarios?
5. • ¿Te han puesto internet en casa?
6. • ¿Os han comprado el nuevo libro de Harry Potter?
7. • ¿Nos han traído la comida?
8. • ¿Le han hecho los deberes?

4 Haz preguntas y responde como en el ejemplo.

camiseta bonita / regalar / a ti
mi tía

¡Qué camiseta tan bonita! ¿Quién te le ha regalado?
Me la ha regalado mi tía.

1 • bizcocho bueno / hacer
  ▪ yo
  •
  ▪

2 • cuadro bonito / pintar
  ▪ mi hermana
  •
  ▪

3 • chaqueta elegante / prestar / a ti
  ▪ mi amiga Eva
  •
  ▪

4 • cartas divertidas / enviar / a ti
  ▪ mis amigos de Barcelona
  •
  ▪

5 • gafas modernas / comprar / a ti
  ▪ mi madre
  •
  ▪

6 • móvil caro / regalar / a ti
  ▪ mis abuelos
  •
  ▪

7 • poesía romántica / escribir / a ti
  ▪ mi novio/-a
  •
  ▪

5 Rodea con un círculo el pronombre correcto.

¡Hola, Cristina!

¡Hoy ha sido un día maravilloso! ¡He estado en el concierto Rock in Rio con Jorge y sus amigos.

¿Por qué no has venido? ¿No [1] **se / te** han dejado tus padres?

El dinero para comprar la entrada me [2] **le / lo** ha dado mi abuela. Hemos bailado y hemos comido unos bocadillos riquísimos que [3] **os / nos** ha preparado la madre de Jorge. Hemos visto a Alejandro Sanz porque estábamos muy cerca del escenario, ya que mi hermano [4] **se / me** recomendó llegar pronto.

Jorge se ha llevado su cámara analógica. [5] **Se / Me** la han regalado sus tíos. Hemos hecho muchas fotos, ya [6] **se / te** las enseñaré.

Sara

P.D. Todavía no [7] **le / les** he dicho a Alba y Amanda lo del parque de atracciones.

6 Traduce las frases a tu idioma.

1 Mis primos me han traído una gorra de Londres.

2 Elena le ha regalado un vestido naranja a su madre.

3 Les he enviado las fotos de Venecia.

4 Juan nos ha invitado a su fiesta.

5 ¿Te ha dado María el el dinero para el regalo de Luis?

6 Le voy a comprar una revista de ciclismo.

7 Mi abuela nos hizo una tarta de chocolate.

8 Pablo está alegre porque su tía le ha prestado 100 euros.

7 Sustituye el objeto directo e indirecto por el pronombre correspondiente, como en el ejemplo.

- ¿Quién le dio el regalo a Pablo?
- *Se lo* dio María.

1 • ¿Quién les hizo las fotos a los niños.
   ▪ _____ hizo el tío Juanjo.
2 • ¿Le dijiste a tu hermano lo que pasó?
   ▪ No, no _____ dijiste.
3 • ¿Quién te ha contado la noticia?
   ▪ _____ ha contado Ángel.
4 • ¿Cuándo te ha comprado el móvil tu padre?
   ▪ _____ ha comprado el mes pasado.
5 • ¿Quién te ha enviado esos paquetes?
   ▪ _____ ha enviado mi abuela.
6 • ¿Cuándo te ha enseñado Irene el vestido?
   ▪ _____ ha enseñado esta mañana.
7 • ¿Te han dado ya el premio?
   ▪ Sí, ya _____ han dado.
8 • ¿Quién os preparó la fiesta de cumpleaños?
   ▪ _____ preparó nuestra hermana mayor.
9 • ¿Quién le planificó el viaje?
   ▪ _____ planificó Mario, su mejor amigo.

7

COMUNICACIÓN

• Descripciones • Proponer algo

1 Relaciona las fotos con las descripciones.

A

B

C

Es una persona muy activa, un poco nerviosa y divertida. Es bajo y tiene el pelo con canas. Ha rodado muchas películas y ha conseguido un Óscar por la película *Volver*. ☐

Es una persona optimista, alegre y amable. Es moreno y tiene los ojos grandes y marrones. Tiene una hija con una gran actriz. Se separó de ella en 2014. ☐

Es una persona tranquila, simpática y generosa. Es alto, fuerte y moreno. Su madre era actriz y él consiguió un Óscar en 2008. ☐

2 Describe a dos famosos. Tu compañero tiene que adivinar quiénes son. Puedes usar como modelo el ejercicio 1.

3 Lee el diálogo y complétalo con los siguientes elementos.

> creo que • vamos a • no estoy segura • es una buena idea
> qué tal si • tienes planes • nos vemos • por qué no • vale

CARLOS: Hola, Belén. ¿[1] _____ para el viernes que viene?
BELÉN: No, el viernes no tengo plan.
CARLOS: Estrenan la última película de Javier Bardem. ¿[2] _____ verla?
BELÉN: Sí. ¿Compro yo las entradas?
CARLOS: De acuerdo. ¿Y [3] _____ quedamos a cenar antes del cine?
BELÉN: [4] _____, tenemos tiempo antes de ver la película.
CARLOS: [5] _____ hay un restaurante italiano al lado del cine.
BELÉN: [6] _____, pero si no, yo conozco un mexicano. ¿Entonces te paso a buscar y vamos en coche?
CARLOS: ¿[7] _____ vamos mejor en autobús?, son solo dos paradas.
BELÉN: Sí, [8] _____, que luego se aparca muy mal.
CARLOS: Bien, pues entonces [9] _____ el viernes que viene, a las ocho.
BELÉN: ¡Sí, nos vemos el próximo viernes!

COMUNICACIÓN Y VOCABULARIO

• Expresiones con verbos

1 Encuentra cinco verbos en la serpiente de palabras.

SAPERDERMTODOLVIDARSEGUPASARBONARELACIONARSEFORMCOMUNICARSE

1 _____ 2 _____ 3 _____ 4 _____ 5 _____

2 Relaciona las columnas para formar expresiones.

1 echar
2 participar
3 echar
4 formar
5 aprovechar

a de menos
b parte de un equipo
c de menos
d el tiempo
e en una reunión

3 Completa la conversación con las siguientes expresiones.

echo de menos • relacionarme • olvídate • participar
formábamos parte • nos reunimos • comunicarnos
aprovechar el tiempo • pasabas el tiempo

MARINA: Este fin de semana quiero [1] _____ para estudiar Historia y poder ir al teatro a ver *La casa de Bernarda Alba*.

GUILLERMO: ¡Qué buena idea! A mí también me gustaría ir. ¿Te acuerdas cuando [2] _____ del grupo de teatro del instituto?

MARINA: Claro que me acuerdo. Yo era muy tímida y me vino muy bien actuar para [3] _____ con los demás.

GUILLERMO: Ya lo creo. Al principio te costaba mucho y te [4] _____ aprendiéndote el diálogo de todos los personajes.

MARINA: Cuando subía al escenario, lo pasaba fatal y Eduardo, el profesor de Lengua, me decía: «¡Puedes hacerlo, [5] _____ del público!».

GUILLERMO: ¡Cómo [6] _____ esa época! ¿Por qué no contactamos con los del grupo y [7] _____ otra vez?

MARINA: Me encantaría. Tengo que localizarlos en Facebook. Por cierto, dentro de nada es la Semana Cultural. Sería el mejor momento para quedar con ellos y [8] _____ en los talleres como solíamos hacer antes.

GUILLERMO: ¡Fenomenal! Cuando localices sus teléfonos, haremos un grupo de WhatsApp para [9] _____.

4 Elige el verbo correcto: A, B o C.

1 Cuando tenía doce años, _____ del coro de la escuela de Música.
2 El sábado pasado me _____ con mis compañeros del colegio. Lo pasamos fenomenal.
3 El año pasado mi familia y yo nos fuimos a vivir a otra ciudad. Al principio estaba muy triste porque _____ a mis amigos.
4 Este año me he propuesto _____ en la asociación de estudiantes.
5 Diego quiere ir a la sierra este fin de semana para _____ de los problemas del trabajo.
6 Yo creo que necesito _____ hablando con mi familia. A veces, cuando llego a casa, me encierro en mi habitación y no salgo hasta la hora de cenar.
7 A mí me encanta bailar, pero a veces pienso que _____ haciendo *ballet* y danza española.
8 El WhatsApp es una nueva forma de _____ entre los jóvenes.

	A	B	C
1	formé parte	participé	pasé el tiempo
2	olvidé	reuní	perdí el tiempo
3	comunicaba	echaba de menos	olvidaba
4	participar	reunirme	formar parte de
5	relacionarse	aprovechar el tiempo	olvidarse
6	perder el tiempo	pasar más tiempo	comunicarme
7	aprovecho el tiempo	formo parte	pierdo el tiempo
8	echar de menos	relacionarse	reunirse

DESTREZAS

• Mi amiga Merce • Mis rostros favoritos

Leer

1 Lee el texto y relaciona estas preguntas con los párrafos.

¿Qué hace que tu amiga sea especial?
¿Qué le gusta hacer a tu amiga?
¿Tu amiga es igual o diferente a ti?
¿Podrías describir a tu amiga físicamente?

Mi amiga Merce

[1] _____
Tiene el pelo largo y rizado, los ojos verdes y generalmente lleva pantalones vaqueros y camisetas. Sus zapatos favoritos son unas deportivas moradas.

[2] _____
Merce es tranquila, pero yo hablo un montón. También es bastante optimista; yo, sin embargo, a veces soy un poco pesimista.

[3] _____
Es una persona muy alegre y activa, siempre está riéndose y haciendo cosas. Se preocupa mucho por los amigos y sabe guardar un secreto. Por eso es una persona muy especial para mí y me lo paso fenomenal con ella.

[4] _____
Le encanta hacer deporte y aprender idiomas. Ahora quiere estudiar chino. Algunos sábados quedamos para jugar al tenis y otros vamos al cine.

2 Contesta a las preguntas sobre el texto anterior.

1 ¿Cómo tiene el pelo Merce?

2 ¿Qué ropa lleva generalmente?

3 Escribe cinco adjetivos para describir la personalidad de Merce.

4 ¿Qué idioma quiere aprender?

5 ¿Cuándo juega al tenis?

Escuchar

3 Escucha la entrevista con el fotógrafo David Machado y contesta a las siguientes preguntas.

1 ¿Cuánto tiempo estuvo David en la India?

2 ¿Por qué le gusta a David la cara de Naisha?

3 ¿Qué adjetivos utiliza el fotógrafo para describir a Naisha?

4 ¿De dónde son James y Alice?

5 ¿Por qué estaba nervioso James?

6 ¿Qué expresa la cara de Alice?

Mis rostros favoritos, por David Machado

Naisha

James y Alice

El futuro del planeta

VOCABULARIO

• Verbos relativos al medioambiente • Campaña ecológica

1 Busca en la sopa de letras ocho verbos que estén relacionados con el medioambiente.

C	A	R	T	E	M	O	R	A	P
O	I	Ñ	Q	W	A	G	A	T	R
N	J	O	N	U	L	F	Z	C	O
T	I	R	A	R	G	O	I	E	T
A	H	O	R	R	A	R	L	R	E
M	E	P	I	R	S	C	I	R	G
I	T	Z	M	E	T	A	T	A	E
N	L	E	Y	B	A	X	U	R	R
A	P	A	G	A	R	O	E	S	G
R	E	C	I	C	L	A	R	T	Q

1 _____   5 _____
2 _____   6 _____
3 _____   7 _____
4 _____   8 _____

2 Un instituto de Barcelona está realizando una campaña ecológica. Veamos si tú también proteges el medioambiente. Usa alguno de los verbos del ejercicio 1 y di lo que debemos y no debemos hacer.

Debemos:
1 _____ papel, botellas y ropa.
2 _____ agua y energía.
3 _____ los animales y las plantas.

No debemos:
1 _____ papel, botellas y ropa.
2 _____ el aire y el agua.
3 _____ agua y energía.

3 Ahora completa los consejos que han escrito los alumnos con los siguientes verbos.

hagas • apaga • dúchate • usa • contaminan • malgastes • ahorra • reciclar • recoge

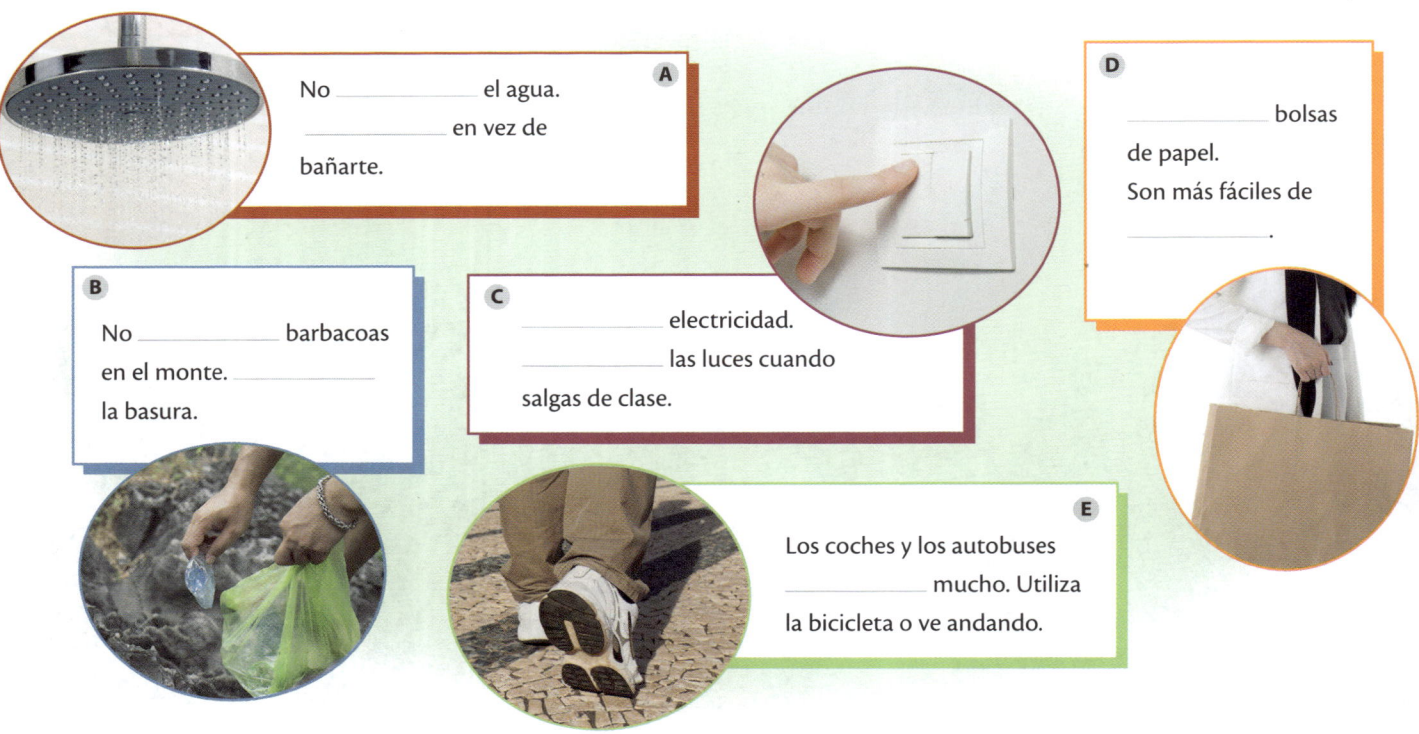

A. No _____ el agua. _____ en vez de bañarte.

B. No _____ barbacoas en el monte. _____ la basura.

C. _____ electricidad. _____ las luces cuando salgas de clase.

D. _____ bolsas de papel. Son más fáciles de _____ .

E. Los coches y los autobuses _____ mucho. Utiliza la bicicleta o ve andando.

GRAMÁTICA

• Futuro   • Oraciones condicionales

1 Completa las tablas de los siguientes verbos regulares e irregulares en futuro.

	ir	trabajar	vivir	ser
yo	iré	trabajaré	viviré	seré
tú				
él / ella / Ud.				
nosotros/-as				
vosotros/-as				
ellos / ellas / Uds.				

	hacer	tener	venir	poder
yo	haré			podré
tú			vendrás	
él / ella / Ud.		tendrá		
nosotros/-as				
vosotros/-as				
ellos / ellas / Uds.				

2 Completa las frases con los siguientes verbos en futuro.

no vivir • tener • ser • estudiar
comer • poder • hacer • volar • ir

En el año 2040:

1. Nosotros _____ en minihelicópteros.
2. Nosotros _____ debajo del agua.
3. La mayoría de las personas _____ robots en casa.
4. Todos nosotros _____ más viejos.
5. Los niños _____ en casa y _____ los deberes por internet.
6. Nosotros _____ de vacaciones a la luna.
7. Los coches _____ conducir solos.
8. Nosotros _____ algas e insectos.

3 Haz predicciones sobre estos temas. Escribe una frase afirmativa y otra negativa.

1 Medios de transporte
   La gente viajará en helicóptero.
2 El colegio
3 Los ordenadores
4 Las ciudades
5 Las personas

4 Completa las predicciones usando el futuro.

1 Brasil / ganar la copa
2 ¿Llover / en abril?
3 Mi grupo / grabar un nuevo disco
4 Javier Bardem y Penélope Cruz / hacer una película juntos
5 ¿Tú / tener un hermano?
6 Yo / aprender a conducir

5 Completa la entrevista usando el futuro de los verbos entre paréntesis.

- Silvia, como entrenadora de la joven gimnasta Alicia Sandoval, ¿crees que **será** (ser) famosa algún día?
- Sí. Yo creo que Alicia [1] _____ (llegar a ser) campeona olímpica.
- ¿Cómo lo [2] _____ (conseguir)?
- Ella [3] _____ (trabajar) duro y [4] _____ (entrenar) todos los días. Esto [5] _____ (no ser) fácil, pero creo que al final Alicia [6] _____ (tener) éxito en su carrera como gimnasta.
- ¿[7] _____ (Ganar) una medalla en las próximas olimpiadas?
- No lo sé, pero espero que sí.

6 Relaciona.

1 Si necesitamos comida, …
2 Si te vas a la cama tarde, …
3 Si a Lidia no le gusta la comida china, …
4 Si veo a Diego, …
5 Si hace buen tiempo, …
6 Si usamos el transporte público, …

a … comeremos en un restaurante italiano.
b … contaminaremos menos.
c … iremos al supermercado.
d … le diré que te llame.
e … estarás cansado por la mañana.
f … iremos al parque de atracciones.

7 Elige la forma correcta del verbo.

1. Si **llegamos / llegaremos** tarde, el profesor se **enfada / enfadará**.
2. Si **voy / iré** de compras, me **compro / compraré** unas deportivas nuevas.
3. Si mi novio no me **llama / llamará**, **estoy / estaré** triste todo el día.
4. Te **compro / compraré** un ordenador si **apruebas / aprobarás** los exámenes.
5. No **vamos / iremos** al parque si **llueve / lloverá**.
6. ¿Si te **invitan / invitarán** a la fiesta, **vas / irás**?
7. Si me lo **cuentas / contarás**, no se lo **diré / digo** a nadie.
8. No **iremos / vamos** al fútbol si **hace / hará** frío.
9. Si no te **gustan / gustarán** estos pantalones, te los **cambiarán / cambiaban** por otros.
10. Si **viajas / viajarás** a España, **aprendías / aprenderás** mucho español.

8 Completa las frases con la forma correcta de los verbos entre paréntesis.

1. Si _____ (cerrar / tú) el grifo al lavarte los dientes, _____ (no gastar) tanta agua.
2. Si _____ (dejar / nosotros) vidrio en el monte, _____ (provocar) incendios.
3. Si _____ (tirar / ellos) petróleo al mar, los peces _____ (morir).
4. _____ (ahorrar / nosotros) energía si _____ (usar) bombillas de bajo consumo.
5. _____ (contaminar / tú) menos si _____ (ir) al trabajo en transporte público.
6. Si la gente _____ (reciclar), _____ (producir) menos basura.
7. Si los montes _____ (estar) limpios, _____ (haber) menos incendios.
8. Si _____ (utilizar / nosotros) coches eléctricos, la atmósfera _____ (estar) más limpia.
9. Si _____ (seguir / nosotros) contaminando los ríos, muchas especies de peces _____ (desaparecer).
10. Si _____ (reciclar / nosotros) el papel, no _____ (cortar) tantos árboles.
11. Las ciudades _____ (ser) más tranquilas si _____ (reducir / nosotros) el número de automóviles.

9 Traduce las frases a tu idioma.

1. Inés será maestra, le gustan mucho los niños.
2. Mis padres me comprarán un ordenador.
3. Este verano iremos de vacaciones a México.
4. Si comes verduras y frutas, tu salud mejorará.
5. Si no entendemos el problema de Matemáticas, mi hermano nos ayudará.
6. Si estudias mucho, aprobarás todas las asignaturas.
7. Si termino los deberes pronto, saldré con mis amigos.
8. Mis tíos no tendrán vacaciones este año.
9. ¿Vendrás a la fiesta si te dejan tus padres?
10. Las ballenas no se extinguirán si las empresas que comercian con ellas no las pescan.

COMUNICACIÓN

• Expresar intenciones y opiniones • Hacer predicciones

1 La revista *Verde* ha realizado una encuesta para ver cómo los adolescentes se preocupan por el medioambiente. Contesta a las preguntas.

¿COMPROMETIDO CON EL MEDIOAMBIENTE?

1 Mientras te lavas los dientes cierras el grifo.
  a ○ siempre   b ○ a veces   c ○ nunca

2 Apagas las luces cuando sales de la habitación.
  a ○ siempre   b ○ a veces   c ○ nunca

3 Si ves un papel en el suelo, lo recoges y lo tiras a la papelera.
  a ○ siempre   b ○ a veces   c ○ nunca

4 Cuando vas de excursión al monte, recoges la basura y te la llevas.
  a ○ siempre   b ○ a veces   c ○ nunca

5 La calefacción en casa no la pones por encima de los 20 ºC.
  a ○ siempre   b ○ a veces   c ○ nunca

6 Cuando vas al colegio, vas andando.
  a ○ siempre   b ○ a veces   c ○ nunca

7 En casa separas la basura.
  a ○ siempre   b ○ a veces   c ○ nunca

8 Cuando terminas de usar el ordenador o de ver la televisión, no te olvidas de desenchufarlo/-a.
  a ○ siempre   b ○ a veces   c ○ nunca

9 Cuando vas al campo, respetas las plantas y los animales.
  a ○ siempre   b ○ a veces   c ○ nunca

10 En los parques naturales no das de comer a los animales.
  a ○ siempre   b ○ a veces   c ○ nunca

Mayoría de a) ¡Enhorabuena! Estás comprometido con el medioambiente.
Mayoría de b) El medioambiente te preocupa, pero necesitas concienciarte un poco más.
Mayoría de c) Deberías pensar más en las consecuencias de no cuidar nuestro entorno.

Ahora mira los resultados y compara tus respuestas con las de tu compañero.

2 Completa el diálogo con las siguientes frases.

qué te parece • a mí me gustaría • a ella también • yo creo que • me preocupa • a ti no te gustaría

IRENE: En el tablón de anuncios del instituto hay programada una salida a la Sierra de Guadalajara para plantar árboles. [1] _____ ir y plantar un roble. ¿[2] _____?
ROBERTO: Sí, me encantaría, porque [3] _____ mucho la desaparición de los bosques. Pero tenemos muchos deberes para el fin de semana.
IRENE: [4] _____ si nos organizamos bien, podemos ir.
ROBERTO: ¿[5] _____ si se lo contamos a Amanda? [6] _____ le gustaría colaborar.

COMUNICACIÓN Y VOCABULARIO

• Animales en peligro de extinción

1 Completa el crucigrama.

Horizontal

Vertical

2 ¿Son estos animales mamíferos, reptiles, aves, anfibios o insectos? Subraya el que es diferente.

1. pingüino – sapo – rana
2. águila – cigüeña negra – oso polar
3. gorila – tortuga – ballena
4. oso polar – abeja – lince
5. águila – rinoceronte – oso panda

3 Adivina a qué animal en peligro de extinción se refieren estas frases.

1. Es un felino, más grande que un gato. Su aspecto es robusto, sus patas largas y su cola corta. _____
2. Esta ave vive en la Antártida, no vuela pero nada muy bien. _____
3. Vive en los bosques de África Central. Tiene mucho parecido con la especie humana. _____
4. Es un mamífero que vive en la llanura y tiene cuernos en el hocico. _____
5. Es uno de los mamíferos carnívoros terrestres más grandes de la Tierra. Vive en grandes áreas de hielo. _____
6. Es un reptil casi tan antiguo como los dinosaurios. Es muy lenta en la tierra y tiene un caparazón. _____

4 Completa los textos con los nombres de animales que correspondan.

Parque de Cabárceno

El Parque de Cabárceno es un tipo de zoológico muy diferente, donde puedes encontrar cientos de animales en régimen de semilibertad. Está en Cantabria, en el norte de España. Vamos a realizar una breve visita a algunos mamíferos del parque. Empezamos con este gran mamífero que tiene poca visión, es herbívoro y vive en la sabana africana: se trata del [1] **r**_____. Continuamos con el [2] **o**___ pardo, omnívoro, que aún lo podemos encontrar en ciertas zonas de montaña en Asia y Europa. En algunos bosques de África Central vive el [3] **g**_____, uno de nuestros parientes más cercanos. Finalmente, el [4] **l**_____, un felino de hábitos nocturnos y elegante presencia.

Faunia

En Madrid es muy interesante la visita a Faunia, un parque temático de naturaleza. Está organizado en áreas que representan diferentes ecosistemas donde encontraremos animales muy curiosos, como los siguientes anfibios y reptiles:
- El [5] **s**____ gigante, mide hasta 15 centímetros y come prácticamente todo lo que le cabe en la boca.
- La [6] **t**_____ rusa tiene un sentido de orientación extraordinario.
- La [7] **r**____ azul es una de las más venenosas que existen.
- El [8] **p**_____ rey es muy buen pescador y puede nadar a 12 km/h.

DESTREZAS

• Estas bolsas son peligrosas

Leer

1 Lee el texto.

Estas bolsas son peligrosas

Las bolsas de plástico desechables son una de las mayores fuentes de contaminación de nuestro planeta.

Bajo el agua, las bolsas de plástico desechables parecen medusas. Los peces, las tortugas marinas, los delfines y las ballenas se confunden y se las tragan. Las bolsas les obstruyen el estómago o los intestinos y les causan la muerte. Unos científicos contaron el número de residuos que flotaban en el Mediterráneo, cerca de la desembocadura del Ródano: de todos esos residuos, cuatro millones eran de plástico.

En España, cada persona utiliza unas 238 bolsas al año, que más o menos equivale a 1,5 kilos de plástico. Parece poco, pero en conjunto, supone miles de millones de bolsas que pesan miles de toneladas. Estas bolsas se acumulan en vertederos o en las fábricas de incineración y su destrucción es muy cara.

2 Lee de nuevo el texto y contesta a las preguntas.

1 ¿Por qué hay que decir NO a las bolsas de plástico?

2 ¿A qué se parecen las bolsas de plástico debajo del mar? ¿Qué animales se las tragan?

3 ¿Por qué las bolsas de plástico les pueden causar la muerte?

4 ¿Cuántas bolsas de plástico contaron los científicos en la desembocadura del Ródano?

5 ¿Cuántas bolsas utiliza cada persona al año en España?

6 ¿Dónde se acumulan estas bolsas?

Escuchar

3 Escucha la entrevista a Juan Carlos Ruiz y contesta a las preguntas.

1 ¿Cómo se llaman las bolsas de plástico que no están hechas de petróleo?

2 ¿En qué ciudad española se fabrican bolsas con almidón de patata?

3 ¿Qué plantas se utilizarán para construir estas bolsas?

4 ¿Qué inconveniente tienen las bolsas biodegradables?

5 ¿Qué tres soluciones se le ocurren a Juan Carlos Ruiz?

Sucesos

VOCABULARIO

• Delitos

1 ¿Recuerdas las palabras de la unidad? Completa con la palabra adecuada.

1 r_____
2 a_____
3 c_____
4 c_____
5 p_____
6 j_____
7 j_____
8 a_____
9 t_____
10 a_____

2 Ordena las sílabas y traduce a tu idioma.

1 ga-a-do-bo: _____, _____
2 go-ti-tes: _____, _____
3 mi-a-rí-co-sa: _____, _____
4 sa-do-a-cu: _____, _____
5 bo-ro: _____, _____
6 do-juz-ga: _____, _____

3 Elige la palabra correcta.

1 La persona que defiende en un juicio a un acusado es:
☐ un juez
☐ un policía
☐ un abogado

2 La persona a quien se culpa de un delito es:
☐ el acusado
☐ el abogado
☐ el testigo

3 El lugar donde se encierra a los criminales es:
☐ la comisaría
☐ la cárcel
☐ el juzgado

4 La persona que mantiene el orden y la seguridad de los ciudadanos es:
☐ el abogado
☐ el juez
☐ el policía

5 La persona que ve una acción criminal es:
☐ el juez
☐ el testigo
☐ el abogado

6 El acto de quitar a alguien lo que le pertenece es:
☐ un asesinato
☐ un regalo
☐ un robo

7 El lugar donde se juzga es:
☐ la comisaría
☐ el juzgado
☐ la cárcel

8 La persona que decide si el acusado es culpable o inocente es:
☐ el maestro
☐ el abogado
☐ el juez

GRAMÁTICA

• Uso de *estar* + gerundio   • Oposición pretérito indefinido / *estar* + gerundio

1 Mira el dibujo y di qué estaba haciendo esta gente en la fiesta.

1. Elena y Ángel _____.
2. Ana y Pablo _____ un refresco.
3. María _____ con Alicia.
4. Pedro _____ la guitarra.
5. Yo _____.

2 Completa con la estructura *estar…* + gerundio. Utiliza los verbos que están entre paréntesis.

Anoche tuve un sueño muy extraño. Yo [1] _____ (esperar) a Rosa en la puerta del Palacio de los Deportes. De repente vi a un grupo de chicos y de chicas: ellos [2] _____ (saltar) al lado de una fuente y ellas [3] _____ (gritar). Me acerqué y era el grupo de música Tokio Hotel. Allí todos los componentes del grupo [4] _____ (firmar) autógrafos: Bill [5] _____ (cantar) y nosotras [6] _____ (bailar) como locas.

3 Completa las preguntas para las siguientes respuestas.

1. • ¿Qué _____?
   ▪ Yo estaba haciendo los deberes a las 19:30 h.
2. • ¿Quién _____?
   ▪ Mi padre estaba viendo las noticias.
3. • ¿Dónde _____?
   ▪ Elisa estaba estudiando en la cocina.
4. • ¿_____ al fútbol?
   ▪ No. Rafa no estaba jugando al fútbol. Estaba jugando al tenis.
5. • ¿Qué _____?
   ▪ Nosotros estábamos paseando por el parque ayer por la tarde.

4 Elige la forma correcta de los verbos, rodeándola con un círculo.

1. Patricia **leyó / estaba leyendo** una revista cuando el teléfono **sonó / estaba sonando**.
2. Ricardo **corrió / estaba corriendo** por el parque cuando **vio / estaba viendo** el asesinato.
3. Mientras el juez **escuchó / estaba escuchando** al acusado, el abogado **escribió / estaba escribiendo** una nota.
4. Me **encontré / estaba encontrando** el móvil cuando **limpié / estaba limpiando** la habitación.
5. **Estábamos esperando / Esperamos** el autobús cuando **pasó / estaba pasando** el profesor de Español.
6. ¿**Estabais viendo / Visteis** *El Exorcista* cuando os **llamé / estaba llamando**?
7. Tú no **jugaste / estabas jugando** al fútbol cuando me **robaron / estaban robando** el móvil.
8. Gabriela y Alejandro **vivieron / estaban viviendo** en Manchester, cuando **nació / estaba naciendo** Nachete.
9. ¿Mientras Juan **estaba trabajando / trabajó**, tú qué **estabas haciendo / hiciste**?
10. La profesora **explicó / estaba explicando** gramática cuando yo **entré / estaba entrando** en clase.

5 Mira los dibujos y haz frases usando pretérito indefinido o *estar* + gerundio.

Juan

Juan estaba leyendo un libro cuando alguien llamó a la puerta.

a) **Nosotros / mi madre**

b) **Laura**

c) **Mis hermanos**

d) **Mi madre**

6 Completa las frases utilizando el pretérito indefinido o *estar* + gerundio.

1 _____ (montar / yo) en bicicleta en el parque, cuando _____ (encontrarse) con Laura.
2 Mis amigos y yo _____ (hablar) cuando el profesor _____ (entrar).
3 Marina _____ (estudiar) mientras su hermano _____ (tocar) la flauta.
4 Cuando vosotros _____ (llegar) a casa, yo _____ (hacer) los deberes.
5 ¿Tú _____ (escuchar) música cuando los ladrones _____ (entrar) en tu casa?
6 Laura y Sara _____ (patinar) cuando Juan _____ (caerse).
7 (Nosotros) _____ (oír) las noticias por la radio cuando _____ (ocurrir) el accidente de avión.
8 ¿A qué _____ (jugar / vosotros) cuando _____ (empezar) a llover?
9 Cuando mis amigos _____ (llegar), _____ (bañarse / nosotros) en la piscina.
10 Ayer yo _____ (ver) un accidente cuando _____ (esperar) el autobús.

7 Escribe preguntas para las siguientes respuestas. Ten en cuenta la parte subrayada.

> ¿Qué estabas haciendo cuando te llamé?

> Cuando me llamaste, <u>estaba haciendo los deberes</u> con Juan.

1 • _____
 ▪ Cuando nos visteis, <u>estábamos paseando</u> con mis padres.
2 • _____
 ▪ Cuando llegué a casa, <u>mi padre</u> estaba haciendo la cena.
3 • _____
 ▪ Cuando me escribiste, estaba hablando <u>con Nuria</u>.
4 • _____
 ▪ Cuando yo llegué, los ladrones estaban <u>dentro de la casa</u>.
5 • _____
 ▪ Mientras vosotros estabais terminando los ejercicios, nosotros estábamos jugando <u>al ajedrez</u>.

8 Traduce las frases a tu idioma.

1 Cuando llegamos al instituto, mi hermana María estaba esperándonos.
 _____

2 Tú estabas contando un chiste muy divertido cuando entró el profesor.
 _____

3 Cuando volví a casa, mi madre estaba hablando por teléfono.
 _____

4 Mateo y Julio estaban jugando cuando empezó la función.
 _____

5 Mientras vosotros estabais leyendo, yo estaba preparando la merienda.
 _____

COMUNICACIÓN

• Hechos del pasado • Preparar un diálogo

1 🎧 Escucha a dos amigos hablando sobre un hecho que ocurrió en el pasado. ¿Qué imagen es?

2 🎧 Escucha de nuevo la conversación. Completa las palabras o frases que faltan.

ELVIRA: ¿Te lo pasaste bien el fin de semana?
DIEGO: Sí, pero ocurrió algo extraño.
ELVIRA: ¿Qué te pasó? ¿Dónde estabas?
DIEGO: Estaba en casa de [1] _____ .
ELVIRA: ¿Quién estaba allí?
DIEGO: Estábamos [2] _____ , mi primo y yo.
ELVIRA: ¿Qué estabais haciendo?
DIEGO: [3] _____ una película.

ELVIRA: ¿Qué ocurrió?
DIEGO: Primero oímos un ruido extraño. Nos [4] _____ para ver qué era.
ELVIRA: ¿Y entonces?
DIEGO: Fuimos al [5] _____ de mis tíos y había dos [6] _____ . Cuando nos vieron, [7] _____ por la ventana.

3 Practica el diálogo anterior con un compañero.

4 Prepara un diálogo con tu compañero sobre uno de los hechos de las imágenes del ejercicio 1. Usa como modelo las preguntas del ejercicio 2.

COMUNICACIÓN Y VOCABULARIO

• Los problemas de las ciudades

1 Mira las fotografías y completa las frases.

1 Hay mucho _____ en la carretera.
2 Su hijo está malo y lo lleva al _____.
3 Esta fábrica produce mucha _____.

4 En mi ciudad utilizamos mucho el _____.
5 Las paredes están llenas de _____.
6 En mi barrio hay muchas _____.

2 Completa las frases con la palabra correcta.

1 Si utilizamos el **t**_____ **p**_____, habrá menos **c**_____ en las ciudades.
2 Me duele mucho la espalda. Voy a ir al **c**_____ de **s**_____ para consultarle al médico.
3 Los coches y las motos hacen mucho **r**_____.
4 Las paredes de mi barrio están llenas de **g**_____.
5 En las grandes ciudades el problema de la **d**_____ es mayor que en las ciudades pequeñas.
6 En mi pueblo hay pocas papeleras y hay bastante **s**_____.
7 Los domingos por la tarde hay mucho **t**_____ para entrar en las ciudades.
8 En las **i**_____ **d**_____ de mi barrio hay varias pistas de tenis.

3 Completa el correo electrónico con las siguientes palabras.

transporte público • tráfico • ruido • instalaciones deportivas
contaminación • suciedad • centro de salud • grafitis

Hola, Pedro:
Estoy pasando unos días en casa de mi amigo Enrique. Vive en un barrio muy diferente al mío. La gente es bastante maleducada: no utiliza las papeleras, así que hay mucha [1]_____ por todas partes. También hay muchos [2]_____ en las paredes. Poca gente utiliza el [3]_____ y hay muchos problemas de [4]_____. La ciudad tiene un alto nivel de [5]_____ y casi no se puede respirar. Además, se duerme muy mal porque hay mucho [6]_____. Cuando alguien se pone enfermo, tienen que desplazarse muy lejos, porque en este barrio no hay un [7]_____. Lo que más me gusta de esta zona es que tiene muchas [8]_____ donde los jóvenes del barrio juegan en su tiempo libre. Estoy pasando unos días estupendos porque Enrique y su familia están siendo muy amables conmigo.
Un abrazo,
Javier

4 Escribe en tu cuaderno frases sobre tu ciudad. Utiliza el vocabulario del ejercicio 3.

DESTREZAS

• ¡Encuentra al culpable!

Leer

1 Lee el texto y contesta a las siguientes preguntas.

1 La hora del robo elimina a uno de los sospechosos, ¿a cuál?
☐ Martina
☐ La Dulce
☐ Oliver
☐ Pedro el Grande

2 Hay un sospechoso que no podía pasar a través de la trampilla del falso techo, ¿cuál?
☐ Martina
☐ La Dulce
☐ Oliver
☐ Pedro el Grande

3 De los sospechosos que quedan, solo uno pudo llegar hasta el tejado del edificio, ¿cuál?
☐ Martina
☐ La Dulce
☐ Oliver
☐ Pedro el Grande

2 Compara las respuestas con tus compañeros y discutid quién puede ser el ladrón.

Escuchar

3 🎧 **Escucha y comprueba la solución. ¿Quién es el ladrón?**

El ladrón es _____

¡ENCUENTRA AL CULPABLE!

LOS HECHOS

Un ladrón ha conseguido robar una valiosa pintura de Picasso del Museo de Arte Moderno. El robo fue a las 20:00 h. El ladrón entró por la ventana del último piso y consiguió llegar a la sala y robar el cuadro más famoso del museo.

LOS SOSPECHOSOS

Estos cuatro ladrones son especialistas en robos de cuadros. Los cuatro estaban en Madrid en el momento del robo.

Martina
Alias: «Andrea Busto»
Edad: 22 años
Altura: 1,70 m
Peso: 58 kg

MARTINA. Esta joven y audaz ladrona colecciona cuadros. **Su punto débil:** lleva ropa demasiado elegante. **Accesorios:** una mochila con ganchos y cuerdas. Los utiliza para hacer tirolinas y pasar desde un edificio alto a otro más bajo.

Joaquín Oliver
Alias: «Oliver»
Edad: 30 años
Altura: 1,80 m
Peso: 75 kg

JOAQUÍN. Este ladrón es un gran deportista. Su fuerte es el alpinismo. **Su punto débil:** tiene miedo a la luna llena. Todos los días a las 20:00 h entra en internet para ver las fases de la luna.

Señorita Sanz
Alias: «La Dulce»
Edad: 65 años
Altura: 1,55 m
Peso: 50 kg

LA DULCE. Es inventora. Se hizo ladrona para invertir en sus inventos. **Su punto débil:** no trabaja después de las 21:30 h porque quiere ver su programa favorito de TV. **Accesorios:** una plataforma con hélice que le permite alcanzar alturas de 50 m.

Pedro el Grande
Alias: «Pedro Bueno»
Edad: 55 años
Altura: 1,85 m
Peso: 120 kg

PEDRO. Fue boxeador y trabajó en el circo como «El hombre más fuerte del mundo». **Su punto débil:** está gordo. **Accesorios:** instrumentos para cortar vidrio. Los utiliza para entrar por las ventanas.

LAS PISTAS

El Museo de Arte Moderno tiene dos edificios unidos entre sí. Uno tiene una altura de 30 m y el otro de 50 m.
La colección de Picasso se encuentra en el último piso del edificio más alto. El ladrón entró por el tejado, a través de la ventana. Por el agujero realizado en el cristal podía pasar cualquiera de los sospechosos.
El ladrón llegó a la sala de la colección a través de una pequeña trampilla en el falso techo.

Apéndice

REFUERZO MI VOCABULARIO

ALGO MÁS

VÍDEOS

TRANSCRIPCIONES

UNIDAD 1 ¿En casa o con los amigos?

REFUERZO MI VOCABULARIO

Actividades de tiempo libre

1 Relaciona las siguientes actividades de tiempo libre con la foto correspondiente.

chatear con los amigos ☐   hacer fotos ☐   practicar baile urbano ☐   hacer punto ☐
hacer escalada ☐   hacer manualidades ☐   jugar con juegos de mesa ☐   patinar ☐
subir fotos a instagram ☐   hacer senderismo ☐   visitar museos ☐   bucear ☐

PARA RECORDAR

Según tu opinión, clasifica las actividades del ejercicio anterior.

Aburrido _____
Peligroso _____
Emocionante _____
Divertido _____
Interesante _____

74 setenta y cuatro

ALGO MÁS

Técnicas lectoras

1 ¿Qué hacemos este fin de semana? Lee los anuncios e incluye los gerundios que se indican en los huecos que correspondan

bailando • estudiando • escalando • pensando • patinando

> **Estrategias de lectura**
> **Comprender textos cortos**
> - Lee cada texto cuidadosamente y capta el significado general.
> - Subraya la palabra clave de cada pregunta para saber qué información debes buscar.

sobre ruedas
Clases gratuitas
Parque del Retiro
De 10 a 12 de la mañana
Fines de semana de septiembre
[1] _____
Registrarse en: www.ayuntamientodemadrid.com

baile urbano
Si te gusta la música y te encanta bailar, tienes que venir a nuestro Club.
Nos puedes encontrar cada viernes a las 18:00 horas en el polideportivo.
¡Dos horas de auténtica emoción en las que podrás disfrutar [2] _____!
¡Llámanos! 564 111 859

ESCALADA
¿Quieres probar algo nuevo y emocionante?
¿Sentirte libre y poderoso? Apúntate a nuestras clases de escalada.
No hace falta experiencia previa. En dos meses podrás estar [3] _____ tu montaña favorita.

Más información en 077 256 234, pregunta por Carlos.

Apertura Multisalas Cine
Viernes 20 de septiembre
¡Si estás [4] _____ en pasar un rato inolvidable, este es tu sitio!
Pantallas gigantes
Proyección 3D y sonido digital
Entradas: 9 € (adultos), 6 € (niños)
Cines Odeón, Avda. Albufera 135
www.cinesodeon.com

Intercambio de idiomas
¿Estás [5] _____ español y quieres practicar? Puedes hablar en línea con nativos.
Escribe a info@amigosdelosidiomas.com

2 Indica si las siguientes frases son verdaderas (V) o falsas (F). Corrige las falsas.

1. Amigos de los idiomas ofrece clases. ☐
2. Para apuntarte a la escalada necesitas experiencia. ☐
3. El baile urbano se practica en el polideportivo. ☐
4. Las clases de patinaje cuestan 20 euros. ☐
5. Los cines Odeón abren el viernes 15 de marzo. ☐

3 Responde a las siguientes preguntas.

1. ¿En qué actividades te puedes registrar por internet?

2. ¿Qué actividades ofrecen clases?

3. ¿Qué actividades se realizan al aire libre?

4 ¿Qué actividad te gustaría realizar? ¿Por qué?

UNIDAD 2 ¿Qué tiempo hace?

REFUERZO MI VOCABULARIO

El tiempo extremo

1 Encuentra en la sopa de letras las siguientes palabras.

1. Enormes olas causadas por un terremoto en el mar
2. Tormenta intensa de nieve, hielo y granizo
3. Fuerte tormenta tropical
4. Falta de lluvia durante mucho tiempo
5. Lluvia intensa y violenta con inundaciones
6. Vientos muy fuertes
7. Frío intenso que produce hielo

L	O	F	V	E	N	D	A	V	A	L
H	E	L	A	D	A	F	B	M	S	T
E	D	I	L	U	V	I	O	D	X	S
P	I	F	S	V	J	F	N	T	A	U
X	Q	Z	E	E	A	F	F	V	M	N
J	Y	C	Q	N	S	E	N	N	L	A
O	V	A	U	T	J	J	B	A	H	M
S	E	O	Í	I	S	U	H	S	F	I
Z	C	F	A	S	D	Q	J	G	Z	S
H	U	R	A	C	Á	N	V	L	S	R
Z	F	K	E	A	G	C	B	H	M	U

2 Escribe *hace*, *hay*, *está* o *nada*.

1. _____ sol
2. _____ niebla
3. _____ nieva
4. _____ nublado
5. _____ viento
6. _____ frío
7. _____ nevando
8. _____ llueve
9. _____ calor
10. _____ lloviendo
11. _____ tormenta
12. _____ buen tiempo

PARA RECORDAR

Habla de tu país o región.
- ¿Tiene costa? ¿Cómo se llama el mar?
- ¿Cuál es la montaña más alta?
- ¿Cuál es el río más importante? ¿Por qué es importante?
- ¿Cómo es el clima en marzo? ¿Y en agosto?
- ¿Hay volcanes, islas, desiertos, lagos…?

UNIDAD 2

ALGO MÁS

Técnicas lectoras

1 Lee el texto y contesta a las preguntas.

> **Estrategias de lectura**
> **Entender un texto**
> - Identifica la información importante.
> - Encuentra en el texto la respuesta a cada pregunta.
> - Relee el texto una vez identificadas y entendidas las definiciones.

Turismo por el norte de España

En la zona norte de España llueve mucho, sobre todo en invierno, pero en los meses de verano la temperatura media está entre 25 y 30 ºC. Tiene playas espectaculares, paisajes de un verde intenso, una cultura milenaria interesantísima con cientos de historias y leyendas, una comida muy buena y gente **hospitalaria**.

Cantabria

Es el lugar perfecto para los que les gusta la naturaleza y el senderismo. En esta región están las Cuevas de Altamira, muy cerca de Santillana del Mar, y se consideran "la Capilla Sixtina del arte rupestre" por sus maravillosas pinturas prehistóricas de bisontes, caballos, ciervos y otros animales. Si quieres practicar surf tienes que ir a la Playa de Oyambre de 2 km de longitud, situada en un **paraje** de ensueño, donde puedes alojarte en alguno de sus campings.

Asturias

Es un paraíso natural con **acantilados** sobre el mar Cantábrico, bosques repletos de osos pardos y bonitos lagos. Aquí puedes realizar la ruta de la Senda del Cares, en los Picos de Europa (montañas de más de 2000 metros de altura), donde puedes caminar a través de un **desfiladero** atravesado por un río de aguas frías y azules. No te puedes perder la Playa de Torimbia, de arena dorada y forma de media luna, ni Cudillero, el pueblo pesquero más bonito de la costa.

Pirineos

Es la **cordillera** que hace de frontera natural entre España y Francia. Altas montañas (con más de 3000 metros de altura) con mucha vegetación, numerosos ríos, pueblos con encanto, cascadas y lagos. Siempre hay algo que hacer en los Pirineos. En invierno puedes disfrutar de los deportes de nieve, como el esquí y los trineos. La primavera y el verano son perfectos para caminar y visitar los Parques Nacionales de Aiguas Tortas y Lago de San Mauricio y Ordesa y Monte Perdido. Además, puedes practicar deportes de aventura, como el **barranquismo**, el piraguismo o el *rafting*.

1. ¿Qué tres regiones se describen en el texto?
2. ¿Cómo es el clima del norte de España?
3. ¿Qué es la "Capilla Sixtina del arte rupestre"? ¿Qué animales representaban?
4. ¿Dónde está la Senda del Cares?
5. ¿En qué playa puedes practicar surf?
6. ¿Qué deportes de aventura puedes hacer en los Pirineos?
7. ¿Qué lugar te parece más interesante?

2 Relaciona las palabras en negrita que aparecen en el texto con sus definiciones.

1. Costa rocosa vertical. _____
2. Deporte de aventura que consiste en descender por un río, nadando y escalando para salvar los obstáculos naturales. _____
3. Paso estrecho entre montañas. _____
4. Persona que recibe con agrado a los visitantes. _____
5. Lugar, sitio. _____
6. Serie de montañas que están unidas entre sí. _____

UNIDAD 3 Biografías

REFUERZO MI VOCABULARIO

Profesiones

1 Relaciona las palabras con su foto correspondiente.

piloto • modelo • astronauta • tenista • diseñadora
poeta • arquitecto • pianista • inventora • fotógrafa

 1 _____
 2 _____
 3 _____
 4 _____
 5 _____
 6 _____
 7 _____
 8 _____
 9 _____
 10 _____

2 Coloca las siguientes profesiones en el grupo que corresponda y añade el género que falta.

~~diseñador~~ • ~~poeta~~ • actor • cantante • novelista
directora • fotógrafa • astronauta • bailarín
músico • pintora

Femenino	diseñadora
Masculino	diseñador
Femenino / Masculino	poeta

3 ¿Por qué trabajos son famosos las siguientes personas? Completa el crucigrama.

Horizontal
1 Irina Shayk
2 Coco Chanel
3 Rafael Nadal

Vertical
4 Marc Márquez
5 Mozart
6 Federico García Lorca
7 Antonio Banderas
8 Pedro Duque

PARA RECORDAR

Completa con una profesión, un lugar relacionado y el nombre de una persona que tiene esa profesión.

motorista   *circuito*   *Marc Márquez*

_____   _____   _____
_____   _____   _____
_____   _____   _____

ALGO MÁS

UNIDAD 3

Técnicas lectoras

1 ¿Quién es Frida Kahlo?

  a Una escritora
  b Una actriz
  c Una pintora

2 Identifica en el texto la información que falta en la ficha de Frida Kahlo y complétala.

Estrategias de lectura
Lectura rápida del texto
- Identifica exactamente qué quieres encontrar en el texto.
- Localiza rápidamente la información sin leer palabra por palabra.
- Asegúrate de que la información que has localizado es la correcta. No te preocupes si necesitas revisarlo dos veces.
- Incluye la frase correcta y lee de nuevo el texto, asegurándote de que tiene sentido.

Frida Kahlo

Frida Kahlo es una de las pintoras mexicanas más famosas e importantes del mundo. Nació el 6 de julio de 1907 en Coyoacán (México).

Con 6 años se puso muy enferma, pero cuando su salud mejoró empezó a practicar deporte para seguir recuperándose poco a poco.

Cuando tenía 15 años entró en la Escuela Nacional Preparatoria de Ciudad de México, en la primera generación que admitía mujeres. Allí conoció a compañeros y compañeras que más tarde fueron intelectuales y artistas importantes.

Con 18 años sufrió un grave accidente de tráfico y pasó muchos meses sin poder moverse. Esto marcó su vida y la obligó a convivir con el dolor. En esa época comenzó a pintar sus primeros dibujos y cuadros. Sus padres mandaron construir un caballete especial y colocaron un espejo sobre su cama para que pudiera pintar.

En 1929 se casó con Diego Rivera, famoso pintor mexicano. Él admiraba sus cuadros, la animó a que siguiera pintando. En sus obras de arte siempre aparece vestida con trajes típicos mexicanos (largas faldas, moños trenzados con cintas de colores y collares y pendientes).

En 1939 Frida Kahlo ya era mundialmente reconocida. Viajó a París y a Estados Unidos, donde participó en exposiciones de su obra en importantes museos. En 1943 se convirtió en profesora de una escuela de arte en México.

Frida Kahlo pintó sobre cosas que pasaron en su vida, lo que pensaba y lo que sentía, y es la protagonista de su propia obra. Entre sus obras destacan: *Autorretrato con collar*, *Las dos Fridas* y *La Casa Azul*.

Frida Kahlo

- Fecha de nacimiento: _____
- Lugar de nacimiento: _____
- Edad a la que enfermó: _____
- Edad en la que tuvo un accidente de tráfico: _____
- Año en que se casó: _____
- Año de su fama mundial: _____
- Obras principales: _____

3 Lee el texto cuidadosamente y contesta a las siguientes preguntas.

  1 ¿En qué escuela importante entró Frida? _____
  2 ¿A partir de qué momento empezó a pintar? _____
  3 ¿Con quién se casó? _____
  4 ¿Qué tipo de vestidos y adornos llevaba? _____
  5 ¿Sobre qué pintaba? _____

UNIDAD 4 En casa y en el colegio

REFUERZO MI VOCABULARIO

Técnicas de estudio: verbos

1 Lee el texto y después relaciona las palabras en negrita con su definición.

CONSEJOS PARA TENER UNA BUENA NOTA EN TUS EXÁMENES

- Primero es importante **escuchar** y **anotar** las explicaciones en clase.
- Es muy importante **entender** todo bien. Si no entiendes algo, es difícil aprender.
- En casa debes **subrayar** las ideas principales y para entender mejor los temas, es conveniente **hacer esquemas**.
- Para estudiar vocabulario intenta **clasificar** las palabras por grupos semánticos y **memorizar** su significado, pero usa distintos recursos para ello.
- Recuerda **repasar** antes del examen.
- El día del examen, recuerda **revisar** las respuestas antes de entregarlo.

1 entender
2 anotar
3 revisar / repasar
4 escuchar
5 subrayar
6 memorizar
7 clasificar
8 hacer esquemas

a tomar nota de algo por escrito
b recordar y retener en la memoria
c organizar por categorías
d resumir de forma gráfica para facilitar el estudio
e tener claros los conceptos o las ideas
f volver a leer o estudiar con atención y cuidado
g hacer una línea debajo de una palabra o texto
h prestar atención a lo que se dice

PARA RECORDAR

¿En qué asignatura…?
- haces esquemas _____
- memorizas más _____
- entiendes menos _____
- repasas con frecuencia _____
- subrayas el libro _____

¿Cuándo lo haces?
_____ _____ _____ _____

Ordena de más frecuente a menos frecuente:
_____ _____ _____

ALGO MÁS

Técnicas lectoras

1 Asocia los siguientes títulos con el párrafo correspondiente del texto.

- Evolución ☐
- Jugador famoso ☐
- Descripción ☐
- Cine y televisión ☐
- Origen ☐

Estrategias de lectura
Nuevo vocabulario
- Subraya la parte del texto que se relaciona con la información que buscas.
- Si no entiendes cada palabra del texto, no te preocupes. Debes intentar descubrir el significado por el contexto o a través de palabras de tu propia lengua que sean similares.

¡El ajedrez es divertido!

Si piensas que este juego es aburrido, lo mejor es que conozcas su historia y curiosidades. Te ayuda a fomentar la concentración, es bueno para la memoria, para organizar las ideas y tomar decisiones.

A Este juego que tiene más de mil años, premia la estrategia e inteligencia de los jugadores y consiste en un tablero con 64 casillas negras y blancas y con una variedad de fichas diferentes (rey, reina, caballos, torres…) con distinta posibilidad de movimientos.

B La leyenda cuenta que el rey Belkib, de la India, le pidió a uno de sus sabios que inventara un juego para no aburrirse. Sissa le propuso el ajedrez, un juego de estrategia o de guerra sobre un tablero de madera. Se piensa que se inventó en el siglo vi d. C.

C Este juego se extendió por Persia, el mundo árabe, España y luego Europa. En el siglo xv se establecieron las formas y reglas actuales.

D Actualmente, el noruego Magnus Carlsen es el mejor jugador. Le llaman el "Mozart del ajedrez" y se convirtió en Gran Maestro a la edad de 13 años. En 2010 alcanzó la primera posición de la clasificación mundial y fue campeón del mundo a los 22 años. Además, es multimillonario, modelo de ropa y le encanta el fútbol. Su equipo favorito es el Real Madrid.

E Hay muchas películas sobre este interesante juego y la serie *Gambito de dama* fue un gran éxito.

2 Ahora lee el texto e indica si las siguientes afirmaciones son verdaderas (V) o falsas (F). Corrige las falsas.

1. El ajedrez es un juego de rol. ☐
2. El ajedrez utilizan un tablero con casillas de colores. ☐
3. El país origen del ajedrez es China. ☐
4. Las reglas actuales del juego se establecieron en el siglo xv. ☐
5. Magnus Carlsen fue campeón del mundo a los 13 años. ☐
6. A Magnus le gusta la música de Mozart. ☐
7. Magnus es muy bueno jugando al fútbol. ☐
8. *Gambito de dama* es una serie sobre ajedrez de gran éxito. ☐

UNIDAD 5 El tráfico en mi ciudad

REFUERZO MI VOCABULARIO

En el aeropuerto

1 Etiqueta cada señal con las siguientes palabras.

> salidas • llegadas • control de equipajes • punto de información • aduana
> facturación • puerta de embarque • control de pasaportes

 1  2  3  4

 5  6  7  8

2 ¿Cómo se llaman estas zonas del aeropuerto?

1. Donde te dan la tarjeta de embarque y dejas el equipaje.
2. El sitio por donde entras en el avión.
3. Donde se controlan las mercancías que entran y salen.
4. La zona en donde enseñas tu pasaporte.
5. Aquí puedes preguntar sobre los vuelos.
6. Lugar donde se revisan las maletas.

3 Completa el texto con las siguientes palabras o con el verbo entre paréntesis en su forma correcta.

> tarjeta de embarque (x2) • facturación • equipaje (x3) • embarque

LLEGADA AL AEROPUERTO

- [1] _____ (llegar) al aeropuerto con tiempo suficiente.

[2] _____

Puede obtener su [3] _____ de tres maneras:
- Obtenga su tarjeta en su ordenador o dispositivo móvil.
- [4] _____ (obtener) su tarjeta en las máquinas automáticas del aeropuerto.
- [5] _____ (pasar) por el mostrador.

[6] _____

Si tiene [7] _____ que no puede llevar en el avión, [8] _____ (dirigirse) a la zona de [9] _____.

ZONA DE EMBARQUE

- [10] _____ (ir) a la zona de embarque con su tarjeta y documentación.
- [11] _____ (poner) sus pertenencias y [12] _____ de mano en la cinta para su inspección.
- No [13] _____ (llevar) líquidos ni objetos peligrosos.

[14] _____

- [15] _____ (dirigirse) a su puerta de embarque con tiempo suficiente.
- [16] _____ (recordar): no puede subir al avión una vez cerrada la puerta de embarque.

ALGO MÁS

Técnicas lectoras

1 Lee el blog y elige la respuesta correcta.

> **Estrategias de lectura**
> **Encuentra la información clave**
> - Primero lee la pregunta y subraya las palabras importantes.
> - Localiza en el texto las palabras subrayadas que correspondan con la pregunta.
> - Finalmente, lee las opciones y compáralas con la parte del texto en donde encontraste la palabra clave, para elegir la respuesta correcta.

1. Hay mucha gente que vuela porque…
   a es más rápido que antes.
   b los billetes son más baratos.
   c la seguridad ha aumentado.
2. El autor casi pierde el avión porque…
   a tenía una maleta muy grande.
   b viajaba un equipo de ciclistas.
   c la cola era muy larga.
3. En el control de equipaje el autor tiene que…
   a quitarse la ropa.
   b dejar la maleta a un lado.
   c quitarse el cinturón y las botas.
4. Hay discusiones en la puerta de embarque por…
   a el retraso del avión.
   b el peso y tamaño de las maletas.
   c la comida y bebida del avión.
5. Cuando el autor perdió las maletas,…
   a estuvo un mes perdido en Tailandia.
   b estuvo cinco días sin cepillo de dientes.
   c estuvo siete días con tres camisetas.

2 Contesta a las preguntas.

1. ¿Has viajado alguna vez en avión?
2. ¿Cuál es el viaje más largo que has hecho?
3. ¿Qué es lo que más te aburre de un viaje?

MI BLOG Recordando el "placer" de volar

Con los billetes de avión tan baratos hay mucha gente que vuela, pero también hay más medidas de seguridad que nunca. Los aeropuertos son lugares llenos de gente, ruidosos y <u>estresantes</u>.

Si viajo con una maleta grande, espero no tener a nadie delante de mí en la facturación con un equipaje especial. La última vez casi pierdo el avión, porque un equipo de ciclismo facturó más de diez bicicletas. Fue una <u>pesadilla</u>.

En el control de equipaje de mano siempre encuentro a personas delante de mí que han olvidado poner el gel en la bolsa de plástico o no han sacado el ordenador de la mochila o quieren pasar una botella con agua. Luego tengo que quitarme el abrigo, el cinturón y las botas, y confiar en que el escáner no <u>pite</u>.

Cuando por fin llego a la puerta de embarque, muchas veces oigo discusiones entre algún pasajero y el personal de la aerolínea sobre el tamaño y peso del equipaje de mano que pueden subir al avión. La gente se enfada por el retraso y yo <u>cruzo los dedos</u> para no tener problemas con mi equipaje.

También recuerdo cuando me perdieron las dos maletas que llevaba en un viaje a Tailandia. <u>¡Casi me da un ataque!</u> Estuve una semana con solo tres camisetas que compré en un mercadillo y utilizando el cepillo de dientes del hotel. Al final encontraron mis maletas, aunque una de ellas estaba rota y no conseguí ninguna <u>compensación</u> de la aerolínea.

> **Palabras y expresiones para aprender**
> - <u>estresante</u>: que produce estrés (cansancio y tensión física o emocional)
> - <u>pesadilla</u>: sueño que produce temor y angustia (en sentido figurado en el texto)
> - <u>pitar</u>: sonar
> - <u>cruzar los dedos</u>: expresión que sugiere el gesto para atraer la buena suerte
> - <u>casi me da un ataque</u>: me puse muy nervioso, me asusté
> - <u>compensación</u>: dinero que se paga para reparar un daño

UNIDAD 6 ¿Qué te pasa?

REFUERZO MI VOCABULARIO

Enfermedades y síntomas

1 ¿Recuerdas estos dibujos? Escribe el síntoma debajo del dibujo y después haz frases con el verbo apropiado *(doler, tener, estar)*.

| Ángel | C _ _ _ _ _ _ |
A Ángel le duele la cabeza.

| 1 Sara | C _ _ _ _ _ _ _ |

| 2 Ángel | F _ _ _ |

| 3 Sara | S _ _ |

| 4 Ángel | G _ _ _ _ _ _ _ |

| 5 Sara | P _ _ _ |

| 6 Ángel | F _ _ _ _ _ _ |

| 7 Sara | E _ _ _ _ _ _ _ |

| 8 Ángel | T _ _ |

| 8 Sara | H _ _ _ _ _ _ |

| 10 Ángel | E _ _ _ _ _ _ _ |

| 11 Sara | C _ _ _ _ |

2 Escribe las palabras que se combinan normalmente con *doler, tener* o *estar*.

muelas • gripe • dolor de oídos • espalda
estrés • fiebre • quemadura • cansado
hambre • enfermo • estómago • sed

doler	
tener	
estar	

PARA RECORDAR

Completa el mapa mental con estas palabras. Puedes añadir otras.

protección solar • dolor de... • dieta sana • depresión • mareo
ansiedad • ejercicio • dulces • obesidad • quemadura • gripe

SALUD
- malos hábitos
- problemas
- cuidados

UNIDAD 6

ALGO MÁS

Técnicas lectoras

1 Lee el texto y contesta a las siguientes preguntas.

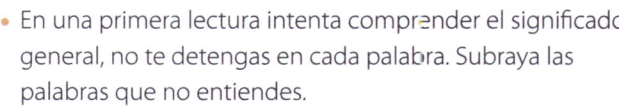

> **Estrategias de lectura**
> **Averiguar el significado de las palabras**
> - En una primera lectura intenta comprender el significado general, no te detengas en cada palabra. Subraya las palabras que no entiendes.
> - En la segunda lectura, intenta interpretar el significado por el contexto o por su parecido con tu lengua.
> - Por último, utiliza el diccionario para las palabras más importantes que no entiendes. No hay que buscar todas las palabras desconocidas en el diccionario, solo las fundamentales para entender el texto.

Una mujer de negocios que acaba de volver a casa de un viaje a Hong Kong se pone repentinamente enferma y muere a los pocos días de una enfermedad similar a la gripe. Su hijo también fallece y varios de sus vecinos se empiezan a encontrar enfermos. En unas pocas semanas varios cientos de personas han muerto y en unos meses hay tres millones de víctimas en el mundo. Las autoridades sanitarias declaran la **pandemia** y descubren que el virus proviene de los animales. ¿Crees que es una historia real? Pues no, se trata del **argumento** de la película *Contagio*, de 2011, con Matt Damon y Gwyneth Paltrow. Sin embargo, se parece asombrosamente al escenario de la pandemia COVID-19 en 2020. El epidemiólogo estadounidense Ian Lipkin fue el asesor científico de esta película y, en una entrevista a la BBC en ese mismo año, podemos leer: "Hemos querido evitar que algo así ocurra de verdad".

La **peste bubónica**, que mató a 75 millones de personas en Europa en el siglo XIV, provenía de las **pulgas** y las ratas negras. Desde 1940 se han identificado más de 300 nuevas enfermedades humanas y el 60 % de ellas procedían de animales. La gripe porcina, la gripe aviar y el ébola son solo tres ejemplos bien conocidos.

Actualmente una enfermedad **contagiosa** puede extenderse por todo el mundo muy rápidamente, por la forma en la que vivimos y viajamos, por lo que es una amenaza muy seria para la humanidad. Nuestra esperanza se encuentra en la ciencia y en cómo tomar medidas preventivas y desarrollar nuevas **vacunas**.

1. ¿A qué se parece el argumento de la película *Contagio*?
2. ¿Cuál era el propósito de la película según el asesor científico?
3. ¿Cuántas víctimas causó la peste bubónica?
4. Menciona tres ejemplos de enfermedades que proceden de los animales.
5. ¿Por qué se puede extender por todo el mundo una enfermedad contagiosa?
6. ¿Cómo podemos combatir estas enfermedades en el futuro?

2 Relaciona las palabras en negrita que aparecen en el texto con sus definiciones.

1. Infecciosa, que se extiende fácilmente. _____
2. Medicamento que te hace inmune. _____
3. Enfermedad que afecta a mucha gente y a muchos lugares. _____
4. Enfermedad contagiosa con fiebre, de mucha mortalidad en el pasado. _____
5. Insectos que se alimentan con sangre de un animal. _____
6. Asunto de lo que trata algo. _____

UNIDAD 7 ¿A quién se parece?

REFUERZO MI VOCABULARIO

Adjetivos para describir el carácter

1 Pon los siguientes adjetivos en la columna que corresponda. Ayúdate con el diccionario.

> simpático/-a • educado/-a • tranquilo/-a • optimista • perezoso/-a • triste • tímido/-a • aburrido/-a
> nervioso/-a • alegre • antipático/-a • divertido/-a • pesimista • sociable • activo/-a • maleducado/-a

positivo	negativo

2 Escribe tres frases sobre ti usando alguno de los adjetivos del ejercicio 1.

Yo creo que soy una persona valiente porque no tengo miedo a tener experiencias nuevas.

_____
_____
_____

3 Une cada mitad de frase para completar la definición.

1. A una persona perezosa…
2. Una persona tranquila…
3. Una persona alegre…
4. Una persona pesimista…
5. A una persona sociable…

a. no habla mucho.
b. le encanta estar con gente.
c. no le gusta realizar ningún esfuerzo.
d. tiene una visión negativa sobre la vida.
e. está siempre animada y es feliz.

PARA RECORDAR

Piensa en seis personas diferentes: familia, amigos, alguien famoso… Elige un adjetivo de carácter para cada una.

mi madre   *generosa*

_____   _____
_____   _____
_____   _____
_____   _____
_____   _____

PARA RECORDAR

Escribe 5 palabras de esta unidad que no quieres olvidar:

_____
_____
_____
_____
_____

UNIDAD 7

ALGO MÁS

Técnicas lectoras

1 Lee las descripciones y los anuncios, y subraya la información importante.

> **Estrategias de lectura**
> **Relacionar personas con actividades**
> - Subraya las palabras que definen el carácter y lo que necesita cada persona.
> - Subraya lo más importante de lo que ofrecen los anuncios.
> - Relaciona las necesidades de cada persona con lo que se ofrece.
> - Revisa tus respuestas para confirmar la mejor opción.

¿Quieres ser mi compañero/-a de piso?

1 A María le encantan los niños y le gusta cocinar. Ella está estudiando un grado de Biología y adora los animales. No quiere gastar mucho dinero. Es ordenada y responsable.

2 Pedro toca la guitarra. Es muy creativo y prefiere vivir con otros estudiantes a los que les guste la música. No le importa convivir con mascotas.

3 Laura está estudiando Medicina y quiere especializarse en Geriatría. Le gusta la música clásica y cuando puede va al teatro. Es muy sensible y cariñosa.

4 Ana necesita vivir cerca de su universidad. Es muy estudiosa pero también muy sociable, por lo que quiere hacer nuevos amigos de cualquier país.

5 Mateus es muy independiente. Está estudiando Cocina y quiere aprender todo sobre la comida española. Quiere traer su coche para moverse y poder visitar otras ciudades. No es fumador y es muy generoso con sus amigos.

a Somos una joven pareja con un hijo pequeño y un perro. Nuestro apartamento está cerca del Jardín Botánico y tenemos disponible una habitación. Ofrecemos un alquiler barato si puedes preparar las comidas y ayudarnos con el niño los fines de semana.

b Tenemos pisos a compartir disponibles en nuestra Residencia Internacional para estudiantes, con acceso a la biblioteca y al *parking* de la universidad. Los estudiantes de cualquier parte del mundo son bienvenidos

c Busco a alguien para compartir mi piso. Tengo 21 años y soy de Madrid. Tengo disponible una habitación y plaza de aparcamiento. También se puede usar la cocina. Preferencia para no fumadores.

d Nuestro piso tiene 3 habitaciones y alquilamos una de ellas. Somos dos amigos que formamos un grupo musical, piano y saxofón. Vive con nosotros nuestro simpático perro, Lucas.

e Ofrezco alojamiento gratuito a cambio de ayuda para cuidar a mi madre, que tiene 84 años. La habitación es amplia e individual. Si te gusta la música, también comparto un abono de ópera.

2 Decide qué tipo de alojamiento es mejor para cada persona.

1. María: anuncio _____
2. Pedro: anuncio _____
3. Laura: anuncio _____
4. Ana: anuncio _____
5. Mateus: anuncio _____

3 ¿Qué alojamiento elegirías para ti?

UNIDAD 8 El futuro del planeta

REFUERZO MI VOCABULARIO

Residuos

1 Clasifica cada residuo en su contenedor correspondiente. Ojo, en el de Punto limpio irá todo lo que no se puede depositar en los otros contenedores.

> periódicos • bolsas de plástico • latas de bebidas • folletos • tarro de mermelada • ropa
> restos de jardinería • botes de champú • cáscaras de huevo • pilas • envases de yogurt
> brik • papel de regalo • calzado • frasco de colonia • teléfono móvil • posos de café
> muebles • restos de comida • cajas de cartón • tapas • botellas • ordenador

| 1 Orgánico | 2 Papel y cartón | 3 Envases | 4 Vidrio | 5 Textil | 6 Punto limpio |

2 ¿Cómo se separan los residuos en tu ciudad?

PARA RECORDAR

Escribe 2 palabras debajo de cada tipo de residuo.

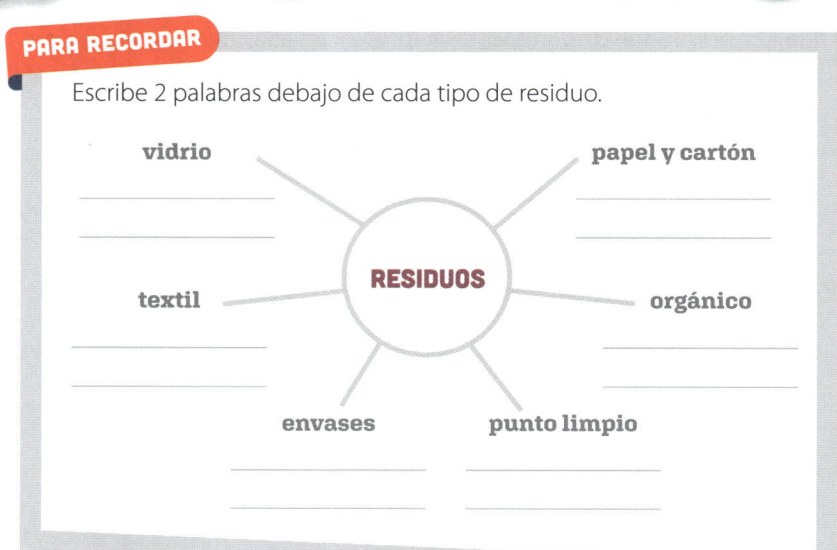

vidrio • papel y cartón • textil • RESIDUOS • orgánico • envases • punto limpio

UNIDAD 8

ALGO MÁS

Técnicas lectoras

1 Lee el texto y complétalo con las siguientes frases para que el texto tenga sentido. Hay una frase que no necesitas.

a fenómenos meteorológicos extremos
b mayores contribuidores al **calentamiento global**
c sus consecuencias serán fatales
d los animales se quedaron atrapados en la nieve
e el aumento de temperatura podría llegar a los 4,8 ºC
f ascendió 5 mm cada año

> **Estrategias de lectura**
> **Entender el sentido de un texto**
> - Lee el texto sin tener en cuenta la parte que falta.
> - Lee las frases que están encima del texto.
> - Lee las partes del texto que están delante y detrás del hueco.
> - Incluye la frase correcta y lee de nuevo el texto, asegurándote de que tiene sentido.

El **cambio climático** constituye la mayor **amenaza medioambiental** a la que se enfrenta la humanidad

El cambio climático es el mal de nuestro tiempo y [1] _____ si no reducimos drásticamente la dependencia de los **combustibles fósiles** y las emisiones de gases de efecto invernadero. Los siguientes datos nos muestran su impacto:

- Incremento de 1,1 °C en la temperatura desde la época preindustrial
- El periodo 2015-2019 fue el más cálido jamás registrado
- El nivel del mar [2] _____ en el periodo 2014-2019

Actualmente ya estamos sufriendo las consecuencias económicas y sociales del cambio climático, y serán aún más graves, como los daños a las cosechas, las **sequías**, los [3] _____ (tormentas, **huracanes**, etc.) y los grandes **incendios**.

A final de siglo, se calcula que [4] _____. Cuanto más tardemos en actuar, mucho más elevadas serán las inversiones para la adaptación al aumento de la temperatura.

El sector energético, debido a su uso de energías sucias (petróleo, carbón y gas), es uno de los [5] _____. Unas 90 empresas son responsables de casi las dos terceras partes de las emisiones mundiales. Este modelo es insostenible y debe cambiar a un sistema energético eficiente, inteligente y 100 % renovable.

Adaptado de: https://es.greenpeace.org/es

2 Relaciona las palabras en negrita que aparecen en el texto anterior con las siguientes definiciones.

1 Falta de lluvias durante un largo periodo de tiempo. _____
2 Fuegos grandes que destruyen lo que no debería quemarse. _____
3 El carbón, el gas y el petróleo. _____
4 Aumento de la temperatura de la tierra. _____
5 Grandes tormentas con vientos muy fuertes. _____

3 Piensa en valores.

1 ¿Qué puedes hacer para ahorrar energía?

2 ¿Está la gente preocupada por el calentamiento global en tu país?

3 ¿Cómo puedes animar a la gente para que se preocupe por el medioambiente?

UNIDAD 9 Sucesos

REFUERZO MI VOCABULARIO

Verbos y sustantivos relacionados con el crimen

1 Clasifica las siguientes palabras en verbos y sustantivos.

> ~~culpar~~ • multar • declaración • condena • acusar • ~~culpable~~ • sentencia • arrestar • defensa
> juicio • arresto • condenar • acusación • juzgar • defender • sentenciar • declarar • multa

verbos	sustantivos
culpar	culpable

2 Lee el diálogo siguiente y elige la opción correcta.

- ¿Has leído la **multa / sentencia** sobre el banquero Luis Silva?
- No, pero me suena el nombre, ¿no es al que **multaron / acusaron** de robar 2 millones de euros?
- Sí, es él. La policía lo **arrestó / condenó** en Suiza hace dos años. Lo **declararon / condenaron** por fraude.
- Entonces, ¿es culpable?
- Pues sí. ¿Sabes cuál es la **condena / declaración**?
- No. ¿Lo van a **encarcelar / multar** por varios años?
- No. Solo por 15 meses, ¿puedes creerlo?

3 Completa el texto con las siguientes palabras.

> declaró • juicio • condenó • culpable • acusado • multa • arrestó

La policía [1] _____ a un hombre por robar en una joyería del centro de Málaga. El sospechoso dijo que no era [2] _____ porque en ese momento estaba robando comida en un supermercado. Durante el [3] _____ el jurado le [4] _____ inocente del robo de la joyería, pero luego fue [5] _____ de robo en el supermercado y el juez le [6] _____ a pagar una [7] _____ de 2000 euros.

PARA RECORDAR

Puedes formar palabras a partir de otras. Forma un verbo a partir del sustantivo con el significado propuesto.

> cárcel • asesino • ~~condena~~ • acusación • arresto • sentencia

1 Imponer un juez una condena: *condenar*
2 Decir que alguien ha cometido un delito: _____
3 Meter en la cárcel: _____
4 Decir el juez la sentencia para el acusado: _____
5 Cometer un asesinato: _____
6 Detener la policía a una persona: _____

UNIDAD 9

ALGO MÁS

Técnicas lectoras

1 Lee el texto.

¿Arte urbano o vandalismo?

> **Estrategias de lectura**
> **Exploración rápida de un texto**
> - Recuerda que no es necesario entender todas las palabras del texto.
> - Durante la primera lectura, subraya las palabras que no entiendas y sigue leyendo. Al final de la lectura, vuelve a leer el texto y busca en el diccionario las palabras esenciales.
> - Lee las preguntas y localiza las respuestas en el texto.
> - Revisa tus respuestas para confirmar que son correctas.

El arte urbano es el que se realiza en la calle, a veces de forma ilegal. Hay gente que piensa que es vandalismo, mientras otras personas opinan que es arte y debe conservarse. Lo que está claro es que forma parte de nuestras ciudades.

El británico Banksy es el <u>pseudónimo</u> de uno de los artistas urbanos más famosos, aunque aún no se conoce quién es. Utiliza sus obras para denunciar y criticar la forma de vida actual y se pueden encontrar en las calles de distintas ciudades de todo el mundo. Las características de su pintura son el humor, el <u>sarcasmo</u> y el compromiso social y político, todo combinado en imágenes de gran impacto visual. Dos de sus obras más famosas son el dibujo sobre el muro que divide Palestina de Israel o dos policías besándose sobre una pared en la ciudad de Brighton. **"Un muro siempre ha sido el mejor sitio para dar a conocer tu obra"**, dice Banksy.

Pejac es un artista callejero español que crea murales normalmente en blanco y negro, con la idea de crítica social. Se le puede considerar el "Banksy español". La <u>ilusión óptica</u> y el arte <u>irónico</u> forman parte de sus dibujos. Las pinturas de este artista se encuentran, además de en España, en las paredes de Moscú, París, Estambul, Londres o Milán. Sus obras más importantes son **Land Adrift,** un símbolo del desequilibrio en la naturaleza provocado por la actividad humana, y **Migration**, realizada en un **campo de refugiados palestinos,** con dibujos de escenas <u>cotidianas</u> sobre las paredes de las casas destruidas.

> **GLOSARIO**
> - **pseudónimo:** nombre falso empleado por una persona, como un artista o un escritor
> - **sarcasmo:** humor ácido, que puede herir o humillar
> - **ilusión óptica:** imagen mental falsa al ver algo que no es real
> - **irónico:** que utiliza la ironía, un humor ingenioso que significa lo contrario de lo que se dice
> - **cotidianas:** que es habitual, diario

2 Lee el texto de nuevo y responde a las preguntas.

1 ¿Qué es el arte urbano?

2 ¿Quién es Banksy?

3 ¿Qué busca Banksy con sus obras?

4 ¿Qué características tienen las obras de Banksy?

5 ¿A quién se le considera el "Banksy español"?

6 ¿En qué ciudades tiene obras Pejac?

7 ¿Qué representa *Land Adrift*?

8 ¿Dónde se pintó *Migration*?

3 ¿Cuál es tu opinión sobre el arte urbano?

VÍDEOS

Unidad 1 Sonia invita a Pablo

1 Antes de ver el vídeo, completa las siguientes preguntas con el pronombre interrogativo correspondiente.

| dónde • quién • a qué • para qué

1 ¿_____ coge el teléfono en casa de Pablo?
2 ¿_____ tienen que quedar Sonia y Pablo?
3 ¿_____ quedan?
4 ¿_____ hora quedan?

2 Mira el vídeo en el qué Sonia y Pablo tienen una conversación telefónica y contesta a las preguntas de la actividad 1.

1 _____
2 _____
3 _____
4 _____

3 Vuelve a ver el vídeo y señala la opción correcta en cada pregunta.

1 La excursión del domingo es para…
   a ☐ comer con Carlos de Hita.
   b ☐ preparar un reportaje para la clase.
   c ☐ hacerle unas preguntas a un naturalista.

2 Carlos de Hita se dedica a…
   a ☐ fotografiar la naturaleza.
   b ☐ escuchar ruidos que hay en la naturaleza.
   c ☐ estudiar el silencio de la naturaleza.

3 Para preparar la entrevista…
   a ☐ Sonia invita a merendar a Pablo.
   b ☐ Sonia y Pablo quedan a las cinco en un bar.
   c ☐ Pablo queda a las seis en casa de María.

4 ¿Normalmente dónde quedas con tus amigos y qué hacéis juntos? Coméntalo con tus compañeros.

> ¿Tú dónde quedas con tus amigos?

> Depende, a veces en mi casa, o en la suya, otras veces nos vemos en un parque cerca de mi casa para jugar con la videoconsola.

Unidades 2 y 3 El sonido de la naturaleza

1 ¿Recuerdas cuándo fue la última vez que hiciste estas cosas? Coméntalo con tus compañeros.

- Ir a la playa
- Escuchar el sonido de los pájaros
- Ir de excursión a la montaña
- Ver un partido de fútbol
- Visitar una exposición
- Ver nevar
- Ir al cine
- Hacer deporte

> ¿Cuándo fue la última vez que fuiste de excursión a la montaña?

> El domingo pasado, con mis padres. Nos gusta mucho la montaña. ¿Y tú?

> Ah, yo hace mucho tiempo que no voy a la montaña. Creo que la última vez fue el año pasado, con mis hermanos. Fuimos a visitar a mis abuelos.

2 A Mira el vídeo y contesta a las siguientes preguntas.

1. Carlos de Hita es técnico de sonido, pero ¿cuál es su especialidad?

2. ¿Qué cambió Carlos de Hita por el sonido?

3. ¿Qué trabajos hace Carlos de Hita? Señala con una X las opciones correctas.
   a. ☐ Escribe libros sobre los pájaros.
   b. ☐ Discos.
   c. ☐ Documentales.
   d. ☐ Programas para la televisión.
   e. ☐ Blogs con sonido.
   f. ☐ Conferencias.

4. ¿Cuántos sonidos de pájaros diferentes escucha Pablo?

5. ¿Qué momentos del día le gustan a Carlos de Hita para hacer su trabajo?

6. ¿Qué necesita Carlos de Hita para hacer su trabajo?
   a. ☐ Paciencia y un oído potente.
   b. ☐ Un micrófono potente y música.
   c. ☐ Paciencia y un micrófono potente.

VÍDEOS

2 B Mira el siguiente fragmento del vídeo: y contesta a estas preguntas. Coméntalo con tu compañero.

1 ¿Qué estación del año es?

_____

2 ¿Qué tiempo hace?

_____

3 ¿Qué tiempo crees que hace el resto del año?

_____

3 ¿Cómo crees que es el lugar donde vive Carlos de Hita? Señala con una X los adjetivos que crees que pueden describir ese lugar. Puedes añadir alguno más. Coméntalo con tu compañero.

- ☐ aburrido
- ☐ precioso
- ☐ divertido
- ☐ peligroso
- ☐ interesante
- ☐ _____

4 A ¿Qué actividades de tiempo libre se pueden hacer en el lugar donde vive Carlos de Hita?

- ☐ jugar al ordenador
- ☐ ver la televisión
- ☐ esquiar
- ☐ hacer excursiones
- ☐ ir de compras
- ☐ oír música
- ☐ ir a ver un partido de fútbol
- ☐ leer
- ☐ ir al cine
- ☐ escribir

4 B Imagina que tus compañeros y tú vais a pasar unos días con Carlos de Hita. ¿Qué vais a hacer? Preparad un plan y después, presentadlo al resto de la clase.

Nosotros vamos a ir una semana, en las vacaciones de Navidad. Vamos a…

Unidades 4 y 5 Un día en Segovia

1 ¿Qué sabes de Segovia? Busca, en internet, datos sobre esta ciudad de España y contesta a las preguntas. Después, coméntalo con tus compañeros.

1 ¿Dónde está Segovia? Señálalo en el mapa.

2 ¿Qué monumentos hay?

3 ¿Cómo es la ciudad?

2 A Mira el vídeo y contesta a las preguntas.

1 ¿Qué medios de transporte se pueden utilizar para ir a Segovia? ¿Está bien comunicada Segovia con Madrid?

2 ¿Cuántas horas van a estar Marcos y Sonia en Segovia?

2 B Mira otro fragmento del vídeo y toma nota de los lugares que aparecen. ¿Cuáles coinciden con los lugares que has escrito en la actividad 1?

3 ¿Qué problema tiene Marcos en Segovia? Mira el siguiente fragmento del vídeo y comenta con tus compañeros qué crees que va a hacer Marcos. Después, comprueba tu respuesta con el vídeo.

4 ¿Cómo es tu ciudad o pueblo? Escribe un pequeño texto describiendo el lugar donde vives y comparándolo con Segovia como en el ejemplo.

Vivo en Barcelona, es una ciudad más grande que Segovia. En Barcelona no hay ningún acueducto. Hay muchas playas. En Segovia hay menos turistas que en Barcelona…

VÍDEOS

Unidades 6, 7 y 8 Voluntarios

1 Lee los textos de estos jóvenes voluntarios. ¿Hay organizaciones parecidas en tu país? ¿Has trabajado alguna vez como voluntario? Coméntalo con tu compañero.

> Yo no he colaborado nunca como voluntario.

> Yo he trabajado en un mercado solidario dos veces...

Jóvenes y voluntarios

María, 18 años, estudia Arquitectura en la universidad. Trabaja como voluntaria todos los sábados para la Cruz Roja.

Sam, Laura y Patricia van a trabajar el próximo verano de voluntarias en un campamento para niños autistas.

Vicente, 22 años, colabora como voluntario en *Payasos del mundo*. Todas las semanas dedica dos horas de su tiempo a hacer reír a niños que están ingresados en un hospital.

2 Mira el vídeo y relaciona los campamentos con el lugar en el que se realizan.

1. El cuidado de las tortugas
2. Energías renovables
3. Dar clases a niños
4. El oso pardo

a. Asturias
b. Sáhara
c. Costa Rica
d. Canarias

3 Vuelve a mirar el vídeo y señala, en la tabla, la opción que corresponde a la opinión de Pablo sobre cada campamento.

Campamento		Opinión de Pablo
1 El oso pardo	a	☐ Le gusta mucho el campamento.
	b	☐ No le parece muy interesante.
	c	☐ Quiere tener información de otros campamentos.
2 El cuidado de las tortugas	a	☐ No sabe si sus padres le van a dar permiso.
	b	☐ Le da miedo viajar tan lejos.
	c	☐ No le gusta la propuesta.
3 Energías renovables	a	☐ Le parece muy buena idea.
	b	☐ No le parece muy interesante.
	c	☐ Le interesa porque quiere ser ingeniero.
4 Dar clases a niños	a	☐ Cree que puede hacerlo bien.
	b	☐ Le da miedo viajar tan lejos.
	c	☐ No le gusta dar clases.

4 A Señala qué actividades de la lista corresponden con cada proyecto. Algunas actividades pueden corresponder con más de un proyecto.

	CAMPASTUR	PARAELLOS	VEN
1 Juegos			
2 Visitas de grupos			
3 Trabajos manuales			
4 Payasos			
5 Subir a la montaña para ver el amanecer			
6 Cantar canciones			
7 Plantar verduras y flores			
8 Teatro			
9 Observación de la naturaleza			
10 Dar de comer a los animales			
11 Juegos al aire libre			
12 Juegos de magia			

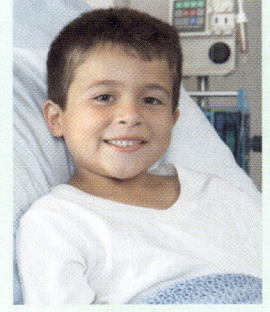

CAMPASTUR. Un campamento en Asturias centrado en la conservación del oso pardo y de otras especies protegidas. Destinado a jóvenes voluntarios a partir de los 16 años. Tareas de mantenimiento de las instalaciones y colaboración en el acompañamiento de los grupos que visitan el recinto. Los voluntarios pueden participar en las actividades que se ofrecen a los visitantes dirigidas al conocimiento de la naturaleza y fauna asturiana, con especial atención al estudio del oso pardo que vive en libertad en las montañas y bosques de esta tierra. ¡Te esperamos!

PARAELLOS. Somos una organización no gubernamental sin ánimo de lucro. Desarrollamos proyectos de ayuda en diferentes ámbitos. Actualmente necesitamos voluntarios para el proyecto *Tiempo libre en los hospitales*. Este proyecto trata de amenizar, a través de diferentes actividades, el tiempo libre de los niños que están ingresados en los hospitales. ¡Anímate, la sonrisa de un niño te espera!

VEN
Es una granja escuela que en verano recibe niños de familias inmigrantes, con pocos recursos, para facilitarles la integración en las escuelas. Combinan el aprendizaje de nuestra lengua con el cuidado de los animales y tareas propias de una granja. Necesitamos jóvenes voluntarios para dar las clases. ¡Tú puedes ser uno!

4 B ¿En cuál de los tres proyectos anteriores te gustaría participar como voluntario? Coméntalo con tus compañeros.

VÍDEOS

Unidad 9 Robo en el edificio

1 ¿Qué palabras relacionas con un delito? Vamos a hacer una competición en clase, ganará la pareja que más palabras (sustantivos y verbos) escriba correctamente en menos tiempo.

Un robo…

2 Mira el vídeo y contesta a las preguntas.

1 ¿Qué hacía Ramón cuando ocurrió el robo?

2 ¿Cuántas personas participaron en el robo?

3 ¿Qué hacía la mujer cuando el ladrón salió de la casa?

4 ¿Qué ocurrió cuando apareció la policía?

5 ¿Qué le entrega Ramón a María?

3 El siguiente texto es la transcripción de una secuencia del vídeo. Léelo y completa el diálogo con los verbos correspondientes en indefinido o con la estructura *estar* + gerundio.

> hablar • haber • robar (x2) • ver • escribir
> dormir • pasar • entrar • ser

AMIGA DE MARÍA: Hola, María. ¿Qué haces?
MARÍA: [1] _____ una noticia para la revista del colegio.
AMIGA DE MARÍA: ¿Sobre qué?
MARÍA: Sobre el robo que [2] _____ ayer por la noche en la planta de abajo.
AMIGA DE MARÍA: No lo sabía. ¿Y qué [3] _____?
MARÍA: Pues que los ladrones [4] _____ de madrugada en la casa y la pareja [5] _____ y no se enteraron de que les [6] _____.
AMIGA DE MARÍA: ¿De verdad?
MARÍA: Hoy he hablado con Ramón. Él [7] _____ huir a los ladrones y me lo ha contado todo.
AMIGA DE MARÍA: ¿Por qué no [8] _____ con los dueños de la casa?
MARÍA: Porque [9] _____ imposible. La policía no me dejaba entrar en la casa.
AMIGA DE MARÍA: Entonces, ¿no se sabe lo que les [10] _____?
MARÍA: A ver… Según Ramón, les robaron unos cuadros muy importantes y también unos papeles muy valiosos.
AMIGA DE MARÍA: Pero, bueno, ¿se sospecha de alguien?
MARÍA: No los han encontrado, pero tengo el retrato robot de uno de ellos.
AMIGA DE MARÍA: ¿Cómo lo has conseguido?
MARÍA: Es una información muy peligrosa, no te lo puedo decir.
AMIGA DE MARÍA: ¡Vaya!

4 Mira la última secuencia del vídeo. ¿Qué crees que ocurrirá después? Coméntalo con tus compañeros.

Yo creo que María se irá corriendo y el ladrón la perseguirá…

5 ¿Conoces a alguien a quien le han robado? ¿Has leído en la prensa algún suceso sobre un delito? ¿Qué ocurrió? Coméntalo con tus compañeros.

A mis tíos una vez les robaron en casa. Ellos estaban trabajando…

TRANSCRIPCIONES

UNIDAD 1 ¿En casa o con los amigos?

COMUNICACIÓN

 **Ejercicio 3**

CONTESTADOR: Este es el contestador automático de la familia Simón. En este momento no estamos en casa. Después de la señal, puede dejar su mensaje. Gracias.

ELENA: ¡Hola, soy Elena! Quiero dejar un mensaje para Cristina. Mañana vamos todos los compañeros de clase al parque de atracciones. ¿Te vienes? Salimos a las once de la puerta del instituto. Vamos en el autobús. Para comer llevamos bocadillos. La entrada cuesta veinte euros y volvemos a las ocho. Anímate. ¡Hasta mañana!

UNIDAD 2 ¿Qué tiempo hace?

DESTREZAS

 Ejercicio 3

Soy Teresa y, como el próximo mes empieza un nuevo año, hay algunas cosas que quiero cambiar en mi vida. Estos son mis planes para el año nuevo:
- Todas las mañanas voy a levantarme un poco antes para no llegar tarde al instituto.
- Todas las tardes voy a dedicar dos horas a hacer mis deberes.
- Voy a dedicar menos horas a jugar con mi ordenador.
- Voy a hacer más deporte y voy a gastar menos dinero en chucherías.

Todo va a ir mucho mejor el año que viene.

UNIDAD 3 Biografías

COMUNICACIÓN

 Ejercicio 1

PAULA: ¡Hola, Amanda!, ¿dónde estuviste ayer?

AMANDA: Estuve en casa de Marta, en su fiesta de disfraces.

PAULA: ¡Ah!, pues no sabía nada. ¿Cómo ibas?

AMANDA: De bruja. ¿Te acuerdas del disfraz que me hizo mi abuela para Carnavales?

PAULA: Sí, sí, me acuerdo. ¿Con quién estuviste?

AMANDA: Con Alba, pero ella no se disfrazó.

PAULA: ¿Por qué?

AMANDA: Porque no encontró ningún disfraz para ponerse.

PAULA: ¿Te lo pasaste bien?

AMANDA: Fenomenal, nos reímos mucho con Jandro, él iba disfrazado de payaso.

UNIDAD 4 En casa y en el colegio

COMUNICACIÓN

 Ejercicio 2

LUIS: Carmen, tú naciste en Rioseco, un pueblo de Valladolid, ¿podrías contarnos cómo era la escuela cuando tú eras pequeña?

CARMEN: Pues claro que sí. Estoy encantada de recordar esos tiempos. Tengo que decir que yo tuve mucha suerte de ir a la escuela, porque otros niños tenían que trabajar y ayudar a sus familias.

LUIS: ¿Los niños y las niñas estaban juntos en la misma clase?

CARMEN: No, había dos escuelas, una para los niños y otra para las niñas.

LUIS: ¿Llevabais mochila al colegio?

CARMEN: Llevábamos una cartera y solo usábamos un libro que se llamaba la *Enciclopedia*.

LUIS: ¿Cuál era tu asignatura favorita?

CARMEN: La Historia era mi favorita.

LUIS: ¿Teníais que llevar uniforme?

CARMEN: Creo recordar que llevábamos babi (un vestido para no mancharnos).

LUIS: ¿Teníais ordenadores en el aula?

CARMEN: No. No teníamos ni calculadora.

LUIS: ¿Qué hacíais después del colegio?

CARMEN: Los chicos jugaban a las canicas y las chicas a la cuerda. Luego hacíamos los deberes.

LUIS: ¿Estás de acuerdo con que los adolescentes deben leer más?

CARMEN: Creo que no se lee suficiente. Hay que quitar horas a la televisión y al ordenador y dedicarlo a la lectura.

UNIDAD 5 El tráfico en mi ciudad

COMUNICACIÓN

 Ejercicios 3 y 4

MANUEL: Perdone, ¿es esta la Plaza de Cataluña?

SEÑORA: Sí, es esta.

MANUEL: ¿Puede decirme cómo se va a la Catedral?

SEÑORA: Sí, por supuesto. Está muy cerca. Baja por La Rambla, coge la cuarta calle a mano izquierda, sigue todo recto hasta llegar a la Plaza Nova. La Catedral está justo al lado.

MANUEL: Muchas gracias.

UNIDAD 6 ¿Qué te pasa?

DESTREZAS

 Ejercicios 3 y 4

ENTREVISTADOR: Hoy tenemos con nosotros a Teresa García, la presidenta del club de fans de Rafael Nadal, y nos va a contestar unas preguntas que la gente le ha enviado. ¡Hola, Teresa!

TERESA: Hola.

ENTREVISTADOR: La primera pregunta, ¿cuántos campeonatos ha ganado Rafa?

TERESA: Ha ganado trece veces el Roland Garros.

ENTREVISTADOR: ¿Cuántos años tenía cuando ganó la Copa Davis?

TERESA: Solamente tenía dieciocho años.

ENTREVISTADOR: ¿Ha hecho alguna película?

TERESA: No, nunca ha hecho una película, pero ha hecho anuncios para la televisión con Pau Gasol.

ENTREVISTADOR: ¿Has hablado alguna vez con él?

TERESA: Sí, es una persona sencilla y muy madura.

ENTREVISTADOR: ¿Cuáles son sus aficiones?

TERESA: El fútbol, la Play Station, pescar e ir al cine con los amigos.

UNIDAD 7 ¿A quién se parece?

DESTREZAS

 Ejercicio 3

ENTREVISTADOR: Muy buenos días a todos. Hoy tenemos con nosotros al fotógrafo David Machado. Bienvenido y muchas gracias por venir, David.

DAVID: Muchas gracias a vosotros por invitarme.

ENTREVISTADOR: David, hoy nos vienes a hablar de unas de tus fotografías favoritas. La

TRANSCRIPCIONES

primera, si no me equivoco, fue de tu viaje a la India de hace unos años.

DAVID: Efectivamente, estuve seis meses recorriendo el país.

ENTREVISTADOR: ¿Por qué te gusta esta foto?

DAVID: La niña se llama Naisha. Tiene una cara muy expresiva y una sonrisa natural.

ENTREVISTADOR: Parece muy alegre.

DAVID: Claro que sí, es muy simpática, aunque un poco tímida. Es tan curiosa que quería aprender a usar la cámara de fotos. Fue un momento muy divertido.

ENTREVISTADOR: ¿Dónde tomaste la otra foto?

DAVID: Fue en Estados Unidos.

ENTREVISTADOR: ¿Conoces a los protagonistas?

DAVID: La pareja se llama James y Alice. Se acababan de casar y él se iba a la guerra por tres meses. James estaba muy nervioso.

ENTREVISTADOR: ¿Qué te parece más importante en esta imagen?

DAVID: Creo que la tristeza en la cara de Alice.

ENTREVISTADOR: Muchas gracias, David. Ha sido un placer hablar contigo.

UNIDAD 8 El futuro del planeta

DESTREZAS

 **Ejercicio 3**

ENTREVISTADOR: Hoy en el programa, tenemos con nosotros a Juan Carlos Ruiz, biólogo y miembro de una ONG ecologista, y nos va a hablar sobre las bolsas del futuro. Buenos días, Juan Carlos.

JUAN CARLOS: Buenos días.

ENTREVISTADOR: Ya sabemos que poco a poco, las bolsas de plástico fabricadas a partir del petróleo irán dejando paso a otro tipo de bolsas, ¿podrías decirnos cuáles son esas bolsas?

JUAN CARLOS: Se llaman bolsas biodegradables. En Zaragoza, ya hay una empresa que fabrica bolsas de plástico con almidón de patata y, en el futuro, se utilizará el girasol, el tomate y la colza.

ENTREVISTADOR: ¿Tienen algún inconveniente las bolsas biodegradables?

JUAN CARLOS: Uno de ellos es que obligan a cultivar plantas que consumen mucha agua, como el maíz.

ENTREVISTADOR: ¿Se te ocurre alguna solución para reducir el consumo de las bolsas de plástico?

JUAN CARLOS: Pues se me ocurren tres soluciones. La primera es la bolsa grande y fuerte, que se puede utilizar unas cien veces. También pueden utilizarse mochilas o carritos de la compra. Y por último, llevar siempre en el bolsillo o en la cartera una bolsa de tela.

ENTREVISTADOR: Gracias, Juan Carlos, por estar con nosotros.

UNIDAD 9 Sucesos

COMUNICACIÓN

 Ejercicios 1 y 2

ELVIRA: ¿Te lo pasaste bien el fin de semana?

DIEGO: Sí, pero ocurrió algo extraño.

ELVIRA: ¿Qué te pasó? ¿Dónde estabas?

DIEGO: Estaba en casa de mi primo.

ELVIRA: ¿Quién estaba allí?

DIEGO: Estábamos solos, mi primo y yo.

ELVIRA: ¿Qué estabais haciendo?

DIEGO: Estábamos viendo una película.

ELVIRA: ¿Qué ocurrió?

DIEGO: Primero oímos un ruido extraño. Nos levantamos para ver qué era.

ELVIRA: ¿Y entonces?

DIEGO: Fuimos al dormitorio de mis tíos y había dos ladrones. Cuando nos vieron, saltaron por la ventana.

DESTREZAS

 Ejercicio 3

1 El robo ocurrió a las 20:00 horas, por lo que Joaquín no pudo ser, porque estaba conectado a internet para ver las fases de la luna.

2 Pedro el Grande no entraba por la trampilla: tiene que adelgazar unos kilos.

3 Martina solo puede utilizar sus cuerdas para hacer una tirolina cuando se desplaza de un edificio más alto a otro más bajo, y no al revés.

La ladrona es la señorita Sanz, alias «La Dulce».

VÍDEOS

UNIDAD 1 Sonia invita a Pablo

MADRE: Sí, ¿dígame?

SONIA: Hola, ¿está Pablo?

MADRE: ¡Hola! Sí, espera. ¡Pablo! Es una chica.

PABLO: Hola. ¿Quién es?

SONIA: Soy Sonia.

PABLO: ¡Hola, Sonia!

SONIA: Pablo, tenemos que quedar para preparar la excursión del domingo.

PABLO: ¿Qué excursión?

SONIA: ¿No te acuerdas? La excursión para la entrevista con Carlos de Hita.

PABLO: ¿Quién es Carlos de Hita?

SONIA: Es un naturalista que se dedica a estudiar los sonidos de la naturaleza.

PABLO: ¡Ah, sí! El reportaje para la serie.

SONIA: ¡Qué poca memoria tienes!

PABLO: Sí, sí, ya me acuerdo.

SONIA: Tenemos que vernos antes para preparar la entrevista.

PABLO: ¿Cuándo quedamos?

SONIA: Si puedes, hoy. ¿Te vienes a mi casa?

PABLO: De acuerdo, ¿a qué hora?

SONIA: ¿A las cinco? Podemos buscar sus datos en el ordenador…

PABLO: … y preparamos las preguntas juntos.

SONIA: Después te invito a merendar. ¿Te gusta el pastel de chocolate?

PABLO: ¡Sí, mucho! ¿Cuál es tu dirección?

SONIA: Calle Huertas doce, quinto izquierda.

PABLO: De acuerdo. Calle Huertas dos, segundo izquierda.

SONIA: ¡No! Calle Huertas doce, quinto izquierda.

PABLO: Calle Huertas doce, quinto izquierda.

SONIA: ¡Muy bien!

PABLO: De acuerdo. ¡Nos vemos a las seis!

SONIA: ¡Pablo, a las seis no! ¡A las cinco!

PABLO: ¡Ay, sí! ¡Qué cabeza tengo! Nos vemos a las cinco.

SONIA: ¡Hasta luego!

PABLO: ¡Hasta luego!

UNIDADES 2 Y 3 El sonido de la naturaleza

PABLO: Carlos, ¿a qué te dedicas?

CARLOS DE HITA: Yo soy técnico de sonido, pero mi especialidad es el sonido de la naturaleza, el sonido del campo.

SONIA: ¿Y cómo fueron tus comienzos?

CARLOS DE HITA: Empecé casi por una afición, un hobby. Yo era naturalista pero todos mis amigos eran muy buenos fotógrafos y yo era muy malo, entonces cambié la fotografía por el sonido y hasta hoy.

PABLO: ¿Y después?

CARLOS DE HITA: Después empecé a ver cómo se comunican las aves, por qué lo hacen…

PABLO: ¿Y para quién trabajas?

CARLOS DE HITA: He trabajado y trabajo todavía para muchas productoras de cine, por ejemplo, haciendo documentales de la naturaleza, programas de radio, blogs con sonido de la naturaleza, discos.

SONIA: ¿Cuáles son tus lugares preferidos para realizar las grabaciones?

CARLOS DE HITA: Todos los lugares son interesantes. Cada uno tiene sus propios sonidos.

PABLO: ¿Y dónde los encuentras?

CARLOS DE HITA: En lugares tranquilos, lejos de las carreteras, del ruido del tráfico, donde no hay aviones. Si queréis, salimos y damos un paseo.

PABLO: Sí.

SONIA: Sí.

CARLOS DE HITA: Eso que canta ahí es un pinzón vulgar. Y ese graznido allí a lo lejos, muy lejos, pero que tú lo oirás muy cerca, es una corneja. Y allí arriba, justo en la copa de ese pino, está cantando un reyezuelo listado. Es el pájaro más pequeño de los bosques. Pesa siete gramos.

SONIA: ¿Cuál es el mejor momento del día para hacer tu trabajo?

CARLOS DE HITA: Me gustan mucho las horas extremas. Muy temprano, por la mañana, cuando amanece, y mejor aún, por la tarde, a la puesta del sol.

PABLO: ¿Y por qué?

CARLOS DE HITA: Pues porque es cuando las imágenes desaparecen y se convierten en sonidos.

SONIA: ¿Y qué es lo que necesitas para hacer tu trabajo?

CARLOS DE HITA: Lo primero que necesitas es paciencia, mucha paciencia, para poder acercarte a sonidos especiales, y luego pues disponer de micrófonos tan potentes como este.

UNIDADES 4 Y 5 Un día en Segovia

SONIA: ¿Quieres ir el sábado de excursión?

MARCOS: ¿A dónde?

SONIA: ¿Por qué no vamos a Segovia? Está muy cerca de Madrid.

MARCOS: ¡Bien! Es una ciudad que no conozco. ¿Cómo vamos?

SONIA: Hay varias formas de ir: podemos ir en tren, en coche o en autobús.

MARCOS: Pues como no tenemos ni coche ni carnet de conducir, está claro. Tenemos que ir en tren o autobús. ¿Tú qué prefieres?

SONIA: Autobús, porque la estación de autobuses está muy cerca de mi casa.

MARCOS: Vale, pues vamos a ver los horarios. Mira, por la mañana hay uno a las nueve, otro a las diez, otro a las once y el último a las doce.

SONIA: Y la vuelta, ¿a qué hora?

MARCOS: Por la tarde, a las cinco y media, a las siete, a las ocho y cuarto y, el último, a las nueve.

SONIA: Si salimos en el de las diez, llegamos a las once a Segovia y podemos volver en el de las ocho y cuarto.

MARCOS: Vale.

SONIA: Tenemos tiempo para conocer la ciudad y no llegar muy tarde a Madrid.

MARCOS: Pues yo creo que si subimos por la calle Real, llegamos a la Plaza Mayor que es donde está la Catedral y el Teatro Juan Bravo.

SONIA: ¿Vamos?

MARCOS: ¿Puedes llevarme la mochila? ¡Pesa un montón!

SONIA: Yo quiero ir al Alcázar. Voy a preguntar cómo llegar. Estoy cansada de mirar el mapa.

MARCOS: Perdona, ¿me puedes decir cómo se va al Alcázar?

VECINA: Sí. Sigue recto por aquí y al final de la calle os lo encontráis.

SONIA: Gracias.

MARCOS: ¿Y podemos ir en autobús?

VECINA: ¡Pero si está al lado! En cinco minutos llegáis.

SONIA: Gracias. Vamos. Voy a comprar un regalo para mi hermana en la tienda de ahí enfrente.

MARCOS: A mí no me apetece entrar. Te espero en la estación de autobuses.

MARCOS: ¿Y ahora qué? No tengo dinero, no tengo móvil y no conozco a nadie en esta ciudad.

SONIA: ¡Qué susto me has dado! Vamos, rápido, tengo billetes para el último autobús y no lo podemos perder.

UNIDADES 6, 7 Y 8 Voluntarios

MARCOS: ¿Qué vas a hacer este verano?

PABLO: Aún no lo sé… pero ¿por qué no nos apuntamos de voluntarios a algún campamento?

MARCOS: Es una buena idea. ¿Buscamos información? Tengo aquí la tablet.

PABLO: Yo me he pasado por algunas ONG y tengo folletos.

MARCOS: ¿Me los dejas ver?

PABLO: Claro. Aquí los tienes.

MARCOS: ¿Y por qué no nos vamos a Asturias? Este es sobre el oso pardo.

PABLO: No sé… Tiene buena pinta, pero creo que, antes de decidirlo, deberíamos mirar más.

MARCOS: ¿Y qué tal si vamos a Costa Rica? En este campamento se dedican a la conservación de tortugas.

PABLO: Me parece bien. Además, Costa Rica está en el Caribe… Aunque… No sé si mis papás me van a dejar viajar tan lejos.

MARCOS: Pues buscamos otro mejor.

PABLO: De acuerdo.

MARCOS: Voy a mirar en la tablet. ¿Y qué te parece este en Canarias? Es para aprender a producir energía de manera sostenible.

PABLO: No lo tengo muy claro…

MARCOS: Pues a mí me parece buena idea.

PABLO: Ya, pero porque tú quieres ser ingeniero, pero yo prefiero ayudar a la gente.

MARCOS: ¿Quieres mirar algún campamento de voluntariado social?

PABLO: Sí. Me parece bien.

MARCOS: ¿Y si buscamos algún campamento para dar clases a niños?

PABLO: Lo de dar clases a niños, creo que se me puede dar muy bien.

MARCOS: Tengo una idea. Podemos ir a ver a mi tío Luis porque trabaja en una ONG de voluntariado social.

PABLO: ¡Claro! ¿Por qué no lo llamas y quedamos con él?

(Un mes después)

MARCOS: Así que tus padres te han dejado.

PABLO: Sí. Lo de ir con tu tío los ha convencido.

MARCOS: ¿Preparado para ir al Sáhara?

UNIDAD 9 Robo en el edificio

MARÍA: ¡Hola, Ramón! ¿Te puedo hacer unas preguntas?

RAMÓN: ¡Claro!

MARÍA: ¿Sabes qué pasó con el robo que hubo ayer en el edificio?

RAMÓN: ¿Ahora eres detective?

MARÍA: Bueno… más o menos.

RAMÓN: Cuando estaba cerrando el bar, vi a un hombre alto salir del edificio con una maleta.

MARÍA: ¿Y estaba solo?

RAMÓN: No. Una mujer lo estaba esperando con una moto en la esquina y cuando apareció el coche de la policía, tomaron una dirección prohibida y hubo una persecución de película.

MARÍA: ¿Y la policía pudo detenerlos?

RAMÓN: No. Consiguieron verle a uno la cara y han hecho un retrato robot.

ciento uno **101**

TRANSCRIPCIONES

MARÍA: ¿Tienes un retrato robot?

RAMÓN: Sí. ¿Quieres uno? Toma. Pero ten mucho cuidado, es una información muy peligrosa.

MARÍA: Vale, muchas gracias.

AMIGA DE MARÍA: Hola, María. ¿Qué haces?

MARÍA: Estoy escribiendo una noticia para la revista del colegio.

AMIGA DE MARÍA: ¿Sobre qué?

MARÍA: Sobre el robo que hubo ayer por la noche en la planta de abajo.

AMIGA DE MARÍA: No lo sabía. ¿Y qué pasó?

MARÍA: Pues que los ladrones entraron de madrugada en la casa y la pareja estaba durmiendo y no se enteraron de que les estaban robando.

AMIGA DE MARÍA: ¿De verdad?

MARÍA: Hoy he hablado con Ramón. Él vio huir a los ladrones y me lo ha contado todo.

AMIGA DE MARÍA: ¿Por qué no hablaste con los dueños de la casa?

MARÍA: Porque fue imposible. La policía no me dejaba entrar en la casa.

AMIGA DE MARÍA: Entonces, ¿no se sabe lo que les robaron?

MARÍA: A ver... Según Ramón, les robaron unos cuadros muy importantes y también unos papeles muy valiosos.

AMIGA DE MARÍA: Pero, bueno, ¿se sospecha de alguien?

MARÍA: No los han encontrado, pero tengo el retrato robot de uno de ellos.

AMIGA DE MARÍA: ¿Cómo lo has conseguido?

MARÍA: Es una información muy peligrosa, no te lo puedo decir.

AMIGA DE MARÍA: ¡Vaya!

[...]

RAMÓN: Pero, ten mucho cuidado, es una información muy peligrosa.

MARÍA: Es una información muy peligrosa, no te lo puedo decir. ¡No quiero saber más de esta historia! ¡Es él!

NOTAS